わたしたちのくらしと政治①
くらしの中の日本国憲法1

（　　　）にあてはまる言葉や数字を、右の□に書きましょう。

● 国の政治のあり方を定めたものを（　①　）といい、日本には日本国憲法がある。

● 日本国憲法が公布されたのは（　②　）年の11月3日で、施行されたのは1947年の（　③　）である。

● 日本国憲法には、国民主権❶、（　④　）の尊重、（　⑤　）という3つの原則がある。

> **日本国憲法前文の一部（要旨）**
>
> 　日本国民は、選挙で選ばれた国会議員を通じて行動する。（中略）政府が再び戦争によるむごい災いを起こすことがないようにすることを決意し、ここに主権が国民にあることを宣言❶して、この憲法を制定する。

● 国民主権とは、国の政治を進めるための最終的な権限である（　⑥　）は国民にあるということである。

● 国民は、（　⑦　）で自分たちの代表者を選ぶことなどによって、政治に参加している。このように、国民が政治に参加する権利を（　⑧　）という。

● 日本国憲法では、（　⑨　）は日本の国や国民のまとまりの象徴であるとされている。

● 政治についての権限をもたない（　⑨　）が行う、日本国憲法に定められている仕事を（　⑩　）という。

> 憲法の「公布」は、国民に広く知らせるということで、「施行」は実際に憲法が使われ始めることをいうよ。

①
②
③
④
⑤
⑥
⑦
⑧
⑨
⑩

時間 15分 | 合格 80点 | /100

月　日

サクッと
こたえ
あわせ

答え 71ページ

わたしたちのくらしと政治①
くらしの中の日本国憲法1

1 次の問いに答えましょう。　　　　　　　　　　　　　　50点（1つ10）

(1) 日本国憲法について述べた文のうち、正しいものには〇を、まちがっているものには×をつけましょう。

① (　　　) 日本国憲法が公布されたのは1946年5月3日である。

② (　　　) 日本国憲法では天皇は象徴であるとされている。

③ (　　　) 基本的人権の尊重は日本国憲法の3つの原則のうちの1つである。

(2) 次の文中の①・②にあてはまる言葉を書きましょう。

> 天皇が行う日本国憲法に定められた仕事を (①　　　　　　　) といい、天皇は
> (②　　　　　　) の助言と承認にもとづいてこれを行っている。

2 資料と図を見て、次の問いに答えましょう。　　　　　　　50点（1つ10）

(1) 資料中の①・②が説明している日本国憲法の原則をそれぞれ何といいますか。

①(　　　　　　　　)　②(　　　　　　　　)

> 日本国民は、選挙で選ばれた国会議員を通じて行動する。現在と将来のために、世界の人々と心を合わせて協力し合い、国全土にわたって自由のもたらす恵みを確かなものにし、①政府が再び戦争によるむごい災いを起こすことがないようにすることを決意し、ここに②主権が国民にあることを宣言して、この憲法を制定する。

(2) 国民が政治に参加する様子を示した次の図中の①～③にあてはまる言葉をあとの⑦～⑦からそれぞれ選びましょう。

①(　　　　)　②(　　　　)

③(　　　　)

⑦選挙

⑦国民審査

⑦国民投票

国会 議員を(①)で選ぶ
地方公共団体 知事・市(区)町村長・議員を(①)で選ぶ 条例の改正などの請求
日本国憲法 憲法の改正についての(②)
国民
最高裁判所 最高裁判所裁判官の(③)

ポイント　国民が政治に参加する権利を参政権といいます。参政権には、選挙権のほかにも、憲法を改正するかどうかについて投票する権利などがふくまれています。

2

きほんのドリル → 2。 ステップ1 時間 15分 問／10問中 月 日

サクッとこたえあわせ

答え 71ページ

わたしたちのくらしと政治②
くらしの中の日本国憲法2

（　　　）にあてはまる言葉や数字を、右の□に書きましょう。

● だれもが生まれながらにもっている権利を（ ① ）といい、日本国憲法では、これをおかすことのできない権利として保障している。

● 日本国憲法第14条では、すべての国民は法の下に（ ② ）であると定められている。

● 日本国憲法では、子どもに（ ③ ）を受けさせること、（ ④ ）こと、（ ⑤ ）を納めることの3つを国民の義務として定めている。

● 日本国憲法第（ ⑥ ）条には、憲法の3つの原則の1つである平和主義にもとづいて、外国との争いを武力で解決しない、戦力をもたない❶という考えが記されている。

> 日本国憲法第9条（要旨）
>
> 　日本国民は、正義と秩序を基本とする国際平和を願って、戦争や武力によるおどし、戦闘行為は、国々の間の争いを解決する手段としては、永久にこれを放棄する。❶
> 　この目的を達するため、陸海空軍その他の戦力はもたない。❶国の交戦権はこれを認めない。

● 1945年8月6日に（ ⑦ ）に、8月9日に長崎に原子爆弾が落とされた。

● 日本は核兵器について、「（ ⑧ ）、つくらない、（ ⑨ ）」という（ ⑩ ）をかかげている。

> 日本国憲法第13条では、すべての国民は個人として尊重されると定められています。これは基本的人権の基本になる考え方です！

①
②
③
④
⑤
⑥
⑦
⑧
⑨
⑩

わたしたちのくらしと政治②
くらしの中の日本国憲法2

1 次の問いに答えましょう。　　　　　　　　　　　　　　　　50点（1つ10）

(1) 次のうち、基本的人権にあたるものと、国民の義務にあたるものをそれぞれ2つずつ選びましょう。

基本的人権（　　・　　）　　　　国民の義務（　　・　　）

① 子どもに教育を受けさせること
② 裁判を受けること
③ 働く人が団結すること
④ 税金を納めること

(2) 基本的人権の尊重の考え方にもとづいて、障がいの有無や年齢、性別、国籍に関係なくすべての人が使いやすいものや環境をデザインしようという考え方を何といいますか。　　　　　　　　　（　　　　　　　　　　　　　　）

2 次の問いに答えましょう。　　　　　　　　　　　　　　　　50点（1つ10）

(1) 右の写真について説明した次の文中の①・②にあてはまる言葉を書きましょう。

　この写真は、1945年8月6日に
（①　　　　　　　　　）が落とされたことを今に伝える（②　　　　　　　　）市のシンボルである。このとなりにある平和記念公園では、毎年8月6日に平和記念式典が開かれている。

(2) 日本国憲法の3つの原則の1つである平和主義の考えは、憲法第何条に記されていますか。　　　　　　　　　　　　　　　　　　第（　　　　　）条

(3) 国際協力や災害の際に救助活動をするなど、日本の平和や安全を守るための活動を主な仕事とする組織を何といいますか。　　　（　　　　　　　　　）

(4) 非核三原則を次の（　　）にあてはまるように書きましょう。
　核兵器を（　　　　　　　　　　　　　　　　　　　　　　　　　　　）

 ポイント　1945年8月9日に原子爆弾が落とされた長崎でも、毎年平和祈念式典が行われており、戦争のひさんさや、平和の大切さを世界にうったえています。

わたしたちのくらしと政治③
国の政治のしくみ

（　　　　）にあてはまる言葉を、右の□□に書きましょう。

◉ わたしたちの意見を政治に反映させるために、わたしたちは（　①　）で代表者を選び、その代表者が国や地方の政治を行っている。

◉ わたしたちのくらしに必要な公共サービスにかかる費用は、わたしたちが納める（　②　）でまかなわれている。

◉ 日本国憲法で唯一法律をつくることができる機関として定められているのは（　③　）であり、（　③　）には（　④　）と参議院がある。

◉（　③　）が決めた法律や予算にもとづいて、国民のために仕事を行うのが（　⑤　）で、そのもとにある省や庁が実際の仕事を担当している。省や庁を担当する大臣を（　⑥　）大臣という。

◉（　⑦　）は、社会で起こるさまざまな争いごとを法律にもとづいて解決する役割を果たしている。2009年に始まった、国民が裁判に参加する制度を（　⑧　）制度という。

◉ 1つの機関に権力が集中するのをふせぐため、国の仕事を3つの機関に分けて、たがいの機関を監視しあうしくみを（　⑨　）という。❶

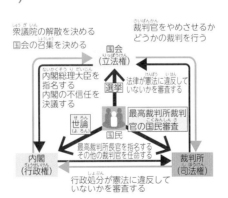

↑❶三権分立

①
②
③
④
⑤
⑥
⑦
⑧
⑨

国の機関は、司法（裁判所）、行政（内閣）、立法（国会）に分けられるよ。

きほんの
ドリル
3.

ステップ2

時間 15分　合格 80点 ／100

月　日

サクッと こたえ あわせ
答え 71ページ

わたしたちのくらしと政治③
国の政治のしくみ

1 次の問いに答えましょう。　50点(1つ10)

(1) 法律が成立するまでを示した右の図中の①・②にあてはまる言葉を書きましょう。

①(　　　　　　　　)
②(　　　　　　　　)

```
議員 ─┐
       ├→ 法律案 →（①）→ 議長 → 委員会 →（②）可決 → 議員 → 議長 → 委員会 →（②）可決 → 成立 → 天皇 → 公布
内閣 ─┘                                          参議院
       参議院で先に審議されることもある。
```

(2) 次の文中の①〜③にあてはまる言葉を　　から選びましょう。

> 国がわたしたちのくらしに必要な仕事を行うためにかかる費用は、国民が納める(①　　　　　　　)でまかなわれている。(①)を何にどのくらい使うのかという(②　　　　　　　)を決めるのは国会の仕事で、その(②)をもとに実際に仕事を行うのは(③　　　　　　　)の仕事である。

内閣　　税金　　予算

2 図を見て、次の問いに答えましょう。　50点（1つ10)

(1) 図中の①〜④にあてはまる言葉を書きましょう。

①(　　　　　　　　)
②(　　　　　　　　)
③(　　　　　　　　)
④(　　　　　　　　)

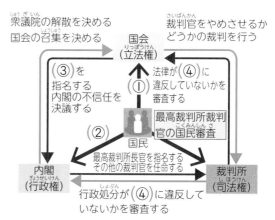

(2) 図のような国の仕事を3つの機関が分担して行うことで、権力の集中を防ぐしくみを何といいますか。
(　　　　　　　　　)

ポイント　国会は、法律や予算など国の重要なことを決める機関です。慎重に話し合いをするため、衆議院と参議院の2つの議院があります。

きほんの
ドリル
4.

ステップ1

時間 15分

問／8問中

月　　日

サクッと
こたえ
あわせ

答え 71ページ

わたしたちのくらしと政治④
人々の願いを実現する政治

（　　　）にあてはまる言葉を、右の□□に書きましょう。

◎（　①　）や区役所は住民の願いを実現するために、さまざまな事業の計画を立てている。

◎住民による（　②　）で選ばれた議員は、（　③　）で（　④　）の制定・改廃や予算の決定など、さまざまな話し合いを行う。❶

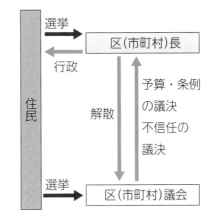

↑❶区（市町村）の政治と住民の関係

◎少子化・高齢化や共働き世帯の増加といった現代の課題をふまえ、市や区（町村）は（　⑤　）支援のための事業や、高齢者のための事業など、さまざまなサービスを提供している。

◎市や区（町村）が行うさまざまなサービスに必要な費用は、住民から集めた（　⑥　）だけでなく、国や都道府県からの（　⑦　）が使われている。

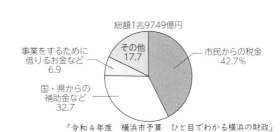

「令和4年度　横浜市予算　ひと目でわかる横浜の財政」
↑横浜市の収入（令和4年度一般会計）

◎（　⑥　）にはさまざまな種類があるが、わたしたちがものを買うときに納めている（　⑥　）を（　⑧　）という。

①
②
③
④
⑤
⑥
⑦
⑧

市・区役所は、住民の意見を反映させて議会に事業計画を提出するんだ。住民の代表者からなる議会が、その事業に賛成したら事業が実現するんだよ！

きほんの
ドリル
> 4.

ステップ2

時間 15分
合格 80点
／100

月　日

サクッと
こたえ
あわせ

答え 71ページ

わたしたちのくらしと政治④
人々の願いを実現する政治

1 図を見て、次の問いに答えましょう。　　　　　　　　　　　50点（1つ10）

(1) 図中の①～③にあてはまる言葉を　　から選びましょう。

①(　　　　　　　)
②(　　　　　　　)
③(　　　　　　　)

市役所
市議会
予算

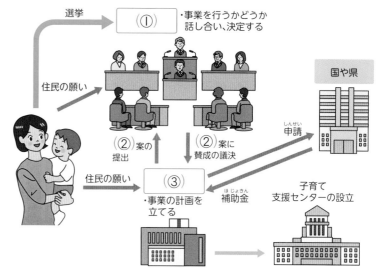

(2) 図をもとにわたしたちと市の政治について説明した文のうち、正しいものには○を、まちがっているものには×をつけましょう。

①(　　　)住民は、選挙で代表者を選ぶことでも政治に意見を反映させている。
②(　　　)住民の願いを聞いた市役所が、事業を行うかどうか決定している。

2 グラフを見て、次の問いに答えましょう。　　　　　　　　　　50点（1つ10）

(1) 市の収入を示したグラフ中の①・②にあてはまる言葉を書きましょう。

①(　　　　　　　)
②(　　　　　　　)

総額1兆9749億円

その他 17.7
事業をするために借りるお金など 6.9
市民からの(①) 42.7%
国・県からの(②)など 32.7

「令和4年度　横浜市予算　ひと目でわかる横浜の財政」
↑横浜市の収入（令和4年度一般会計）

(2) グラフで示した収入をもとに市が行う事業として、正しいものには○を、まちがっているものには×をつけましょう。

①(　　　)学校を建設する。
②(　　　)予防接種を行う。
③(　　　)法律をつくる。

ポイント　市（区町村）では、住民の代表者である議員からなる議会が、市民から集めた税金の使い道を決め、それに従って市（区）役所（役場）が事業を行っています。

わたしたちのくらしと政治⑤
災害発生時の政治のはたらき

（　　　　）にあてはまる言葉を、右の□に書きましょう。

● 災害が発生すると、市町村はすぐに（ ① ）を設けて、人々が（ ② ）できる（ ② ）所の開設や被害状況の確認を行う。

応援要請
救助・支援

国　　　　自衛隊
派遣要請
報告・協議　助言
必要な
業務の委託
日本赤十字社　都道府県　→　警察、消防、水道、電気、ガス、鉄道、など
被害状況の報告　支援・調整
他の市町村　←　被災した市町村　他の都道府県

・避難所の開設　　　・救助活動
・水や食料、　被災した地域　・医療活動
生活必需品の提供　　・障害物の除去

↑被災した地域を支援する政治のしくみ

● 市町村の報告を受けた都道府県は災害救助法という法律にもとづいて、（ ③ ）や他県に協力を求めたり、（ ④ ）に派遣要請を出したりする。

● 被災地の道路や鉄道、水道、ガス、（ ⑤ ）などのライフラインを修復してもとにもどすことを（ ⑥ ）という。被災地にくらす人々のくらしをより活気あるものにするため、再生させることを（ ⑦ ）という。

● 災害発生直後は、（ ⑥ ）のために多くの（ ⑧ ）が全国から被災地に入り、支援活動を行う。

● 市町村は、（ ⑦ ）のために（ ③ ）や都道府県と協力し、安全で、住民がのぞむようなまちづくりのための計画を立てて実行する。

①

②

③

④

⑤

⑥

⑦

⑧

 2011年3月11日に発生した東日本大震災を受けて、被災地の復興をすみやかに行うための復興庁という役所が、期限つきで設置されました！

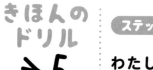

わたしたちのくらしと政治⑤
災害発生時の政治のはたらき

サクッと こたえ あわせ

答え 72ページ

1 災害時の市町村や都道府県、国の取り組みについて述べた次の文中の①～⑤にあてはまる言葉を、　　　から選びましょう。　　　50点（1つ10）

　　2011年3月11日に発生した（①　　　　　　　　　　）の際、被害を受けた宮城県気仙沼市（けせんぬま）ではすぐに（②　　　　　　　　　　）を設けて、被害の状況（じょうきょう）を確認（かくにん）したり、住民のための（③　　　　　　　　　　）を開設したりした。さらに、宮城県に連絡（れんらく）して協力を求め、連絡を受けた宮城県は、（④　　　　　　　　　　）にもとづいて、国や他の都道府県に支援（しえん）を求めたり、（⑤　　　　　　　　　　）の出動や、日本赤十字社に救護や物資の支援を要請（ようせい）したりした。

避難所（ひなんじょ）　　災害救助法（さいがいきゅうじょほう）　　東日本大震災（ひがしにほんだいしんさい）　　自衛隊（じえいたい）　　災害対策本部（さいがいたいさくほんぶ）

2 次の問いに答えましょう。　　　50点（1つ10）

(1)　災害発生後、被災地（ひさいち）の電気、ガス、水道などを修復するなど、地域を災害（ちいき）が発生する前の状態にもどすことを何といいますか。　　　（　　　　　　　　　　）

(2)　被災した地域が、住民の願いをもとに、まちの特色を生かしつつ、人々のくらしがより活気のあるものになるように再生することを何といいますか。
　　　　　　　　　　　　　　　　　　（　　　　　　　　　　）

(3)　右の図は、(1)や(2)を行うための政治の働きを示したものです。図中の①・②にあてはまる言葉を書きましょう。
　　①（　　　　　　　）
　　②（　　　　　　　）

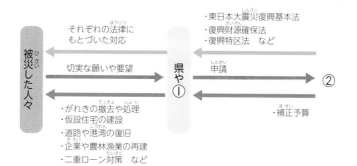

(4)　(1)や(2)を行うために、全国から被災地に入ってさまざまな支援活動をする人々を何といいますか。カタカナで書きましょう。
　　　　　　　　　　　　　　　　　（　　　　　　　　　　）

ポイント　東日本大震災復興基本法は、東日本大震災の被災地の復興（ふっこう）に向けた基本理念や、国や県、市町村がになう責任、国民が行う努力（どりょく）などについて定めた法律（ほうりつ）です。

まとめの ドリル

6. わたしたちのくらしと政治①〜⑤

| 時間 20分 | 合格 80点 | /100 | 月　日 |

サクッと こたえ あわせ

答え **72ページ**

1 日本国憲法について、次の問いに答えましょう。　　　　25点（1つ5）

(1) 日本国憲法の3つの原則について、次の説明にあてはまる原則をそれぞれ書きましょう。

① 二度と戦争はしない　　　　　　　　　　　　（　　　　　　）

② 国の政治を決めるのは国民である　　　　　　（　　　　　　）

③ だれもが生まれながらにもつ権利を大切にする

（　　　　　　）

(2) 国民は国民の代表者である議員を選挙で選ぶことによって政治に参加しています。選挙権が認められる年齢として、正しいものを次の①〜④から選びましょう。

（　　　　　　）

① 18才　② 20才　③ 25才　④ 30才

(3) 日本国憲法で定められた、天皇の国事行為にあてはまるものを、次の①〜④から選びましょう。

（　　　　　　）

① 外国と条約を結ぶ　　② 最高裁判所長官の指名

③ 国会の召集　　　　　④ 国民審査

2 図を見て、次の問いに答えましょう。　　　　25点（1つ5）

(1) 日本国憲法で定められている、わたしたちが生まれながらにもっている権利について、図中の①〜④にあてはまる言葉を　　から選びましょう。

①（　　　　　　）

②（　　　　　　）

③（　　　　　　）

④（　　　　　　）

⑦ 居住・移転、職業を選ぶ自由

⑦ 法のもとの（①）

⑦ 政治に参加する権利

⑦ 信教・（②）・思想の自由

⑦ （③）で文化的な生活を送る権利

⑦ 働く権利

⑦ （④）を受ける権利

⑦ 言論・集会の自由

⑦ 教育を受ける権利

健康　　平等　　裁判　　学問

(2) 国民の義務でもあるものを、図中の⑦〜⑦から選びましょう。　（　　　　　　）

⬇ 裏のページに続くよ！　**11**

3 図を見て、次の問いに答えましょう。　　　　　　　　25点（1つ5）

(1) 国の政治を進める役割を分担する3つの
機関のうち、次の①〜③の役割を果たして
いる機関を図中の㋐〜㋒から選びましょう。

①司法（　　　　　）

②行政（　　　　　）

③立法（　　　　　）

(2) 図中の㋑の最高責任者を何といいますか。

（　　　　　　　　　　　）

(3) 図中の㋒では、1つの事件について3回
まで裁判を受けることができるようになっ
ています。それはなぜですか。人権という言葉を使って書きましょう。

（　　　　　　　　　　　　　　　　　　　　　　　　　　　　　　　）

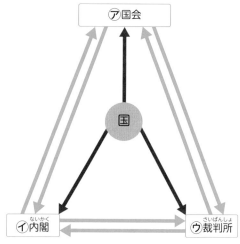

4 グラフを見て、次の問いに答えましょう。　　　　　　　　25点（1つ5）

(1) 市の収入と支出について、
グラフからわかることを述べ
た文として、正しいものには
〇を、まちがっているものに
は✕をつけましょう。

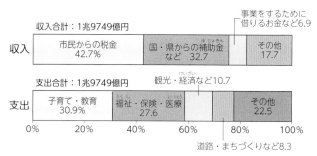

↑横浜市の収入と支出（令和4年度一般会計）

「令和4年度　横浜市予算　ひと目でわかる横浜の財政」

①（　　　）市の収入の約40％は住民が納める税金である。

②（　　　）市は、子育て・教育に最も多くのお金を使っている。

③（　　　）市はさまざまな事業を住民が納める税金だけでまかなっている。

(2) グラフで示されたような、市のお金の使い道について述べた次の文中の①・②に
あてはまる言葉を書きましょう。

市の政治は、住民の願いを実現するために行われている。住民の意見をもとに
（①　　　　　　　　　）が事業計画や予算案を立て、それを住民の代表からなる
（②　　　　　　　　　）で話し合いをして、事業を行うかどうか、予算はそれでよ
いかどうかを決定している。

きほんの
ドリル
≥7。

ステップ1

時間 15分

問 ／10問中

月 日

サクッと
こたえ
あわせ

答え 72ページ

日本の歴史① 古代の日本1
むらからくにへ

（ 　　　　）にあてはまる言葉を、右の□に書きましょう。

● 日本列島では、今から1万2000年ほど前から人々は動物や魚、木の実をとって食料とする生活を送っていた。食べ物をにたきするために（ ① ）土器❶を用いていたため、約1万年近く続くこの時代を（ ① ）時代という。

↑❶縄文土器

● 青森県にある（ ② ）遺跡は、（ ① ）時代の遺跡である。（ ① ）時代の人々は（ ③ ）とよばれる家に家族で住んでいた。

● 中国や朝鮮半島から日本に（ ④ ）づくりが伝わると、人々は協力して作業をするようになり、やがてむらができた。この時代を（ ⑤ ）時代という。

● 佐賀県にある（ ⑥ ）遺跡は（ ⑤ ）時代の遺跡で、むらのまわりは二重の（ ⑦ ）やさくで囲まれていた。

● （ ⑤ ）時代のむらには、人々をまとめる指導者がおり、指導者はやがてむらを支配する（ ⑧ ）になった。（ ⑧ ）の中には、他のむらとの争いに勝って（ ⑨ ）をつくり、地域一帯を支配する王となるものもあらわれた。

● 3世紀ごろに、倭（当時の日本）には女王（ ⑩ ）が治める邪馬台国があったと中国の歴史書に書かれている。

卑弥呼と邪馬台国については、中国の歴史書「魏志」の倭人伝に書かれているよ！

①
②
③
④
⑤
⑥
⑦
⑧
⑨
⑩

日本の歴史①　古代の日本1
むらからくにへ

時間 15分　合格 80点　/100　月　日

① 写真を見て、次の問いに答えましょう。　50点(1つ10)

(1) この写真は、青森県にある古代日本の集落の遺跡です。この遺跡の時代の人々の様子について述べた文として、正しいものには○を、まちがっているものには×をつけましょう。

①(　　　　)人々はたて穴住居に住んでいた。

②(　　　　)人々は動物や木の実、魚などをとって食べていた。

③(　　　　)米は高床倉庫で保存していた。

④(　　　　)豊かな自然のめぐみをいのるために土偶がつくられていた。

(2) この遺跡がつくられたころの時代を何時代といいますか。　(　　　　　　　　　)

② 次の問いに答えましょう。　50点 (1つ10)

(1) 米づくりが伝わってからの日本の様子について述べた次の文中の①〜③にあてはまる言葉を　　　から選びましょう。

> 　米づくりは人々が協力して行う必要があるため、米づくりを通して人々の結びつきは強まり、(①　　　　　　　　)がつくられるようになった。また、米づくりを指導する中で力を強めた(②　　　　　　　)が(①)を支配するようになり、(②)の中には、争いに勝利して他の(①)を従えて(③　　　　　　　)をつくり、王とよばれるようになった者もいた。

くに　　むら　　豪族

(2) 中国の歴史書では、3世紀ごろの日本は何という名で書かれていますか。

(　　　　　　　　　)

(3) 女王卑弥呼が治めていたとされる国を何といいますか。　(　　　　　　　　　)

ポイント 米づくりが始まったことで、安定して食料を手に入れることができるようになり、人口が増えてむらができ、その中で身分の差もうまれました。

答え 72ページ

サクッとこたえあわせ

ステップ2

きほんのドリル 7

サクッとこたえあわせ 答え 72ページ

日本の歴史② 古代の日本2
大和朝廷の成立

( ) にあてはまる言葉を、右の □ に書きましょう。

● 3世紀の終わりごろから7世紀ごろに各地でつくられた、王や豪族の墓を古墳という。

● 古墳のうち、日本最大のものは大阪府 (①) 市にある (②) である。

↑① 仁徳天皇陵古墳（大仙古墳）

● (②) のような形の古墳を (③) という。

● 古墳にはたくさんの (④) がかざられていた。

● 4世紀ごろ、奈良盆地を中心とした地域で豪族たちが連合してつくった政府を (⑤) といい、その中心となった人物は (⑥) とよばれた。

● (⑤) は5～6世紀ごろには (⑦) 地方から東北地方南部までを従えていたと考えられている。

● 古墳がつくられはじめたころ、日本に移り住んだ中国や朝鮮半島から来た人々を (⑧) という。

● (⑧) によって日本に (⑨) や仏教などの文化や、新しい土器のつくり方、はた織り、建築などの技術が伝わった。

①
②
③
④
⑤
⑥
⑦
⑧
⑨

大型の前方後円墳は現在の近畿地方に集中しています。このことから、この地域には強い力をもった豪族がいたと考えられています。

 ステップ2

答え 72ページ

日本の歴史②　古代の日本2
大和朝廷の成立

1 次の問いに答えましょう。　　　　　　　　　　　　　50点（1つ10）

(1) 日本最大の古墳を何といいますか。

（　　　　　　　　　　　　　）

(2) (1)の古墳の位置を、右の地図中の
ア～ウから選びましょう。

（　　　　　　　　）

(3) 古墳について述べた次の文中の①
～③にあてはまる言葉を書きましょ
う。

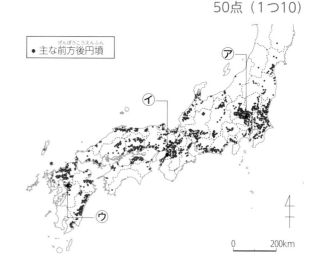

● 主な前方後円墳

0　　　200km

古墳は、力のある王や豪族の（①　　　　　　　　　）である。古墳のまわりには
（②　　　　　　　　）が並べられており、古墳内部からはそうしょく品や鏡、よろ
いなどが出土している。前方後円墳のうち、特に大きなものは現在の
（③　　　　　　　　）地方に多い。

2 次の問いに答えましょう。　　　　　　　　　　　　　50点（1つ10）

(1) 古墳時代に中国や朝鮮半島から日本に移り住んだ人々を何といいますか。

（　　　　　　　　　　　）

(2) (1)の人々によって日本に伝えられたものとしてまちがっているものを、次のア～
エから選びましょう。 （　　　　　　　）

⑦　漢字　　⑦　土偶　　⑦　はた織り技術　　⑦　仏教

(3) 大和朝廷（大和政権）について述べた文として、正しいものには○を、まちがっ
ているものには×をつけましょう。

①（　　　）5～6世紀には日本全国を従えていた。
②（　　　）奈良盆地を中心とした勢力である。
③（　　　）大和朝廷の中心となる王を大王という。

 ポイント　古墳には、前方後円墳だけでなく、円墳、方墳など、さまざまな形があります。日本にある
古墳のうち、規模の大きなものの多くは前方後円墳です。

サクッと こたえ あわせ 答え 73ページ

日本の歴史③ 天皇中心の国づくり1
聖徳太子の政治

（　　　）にあてはまる言葉を、右の□に書きましょう。

● 7世紀ごろから、大和朝廷（大和政権）の大王は（　①　）とい
うよび名に変わった。

● （　①　）の子であった（　②　）は、有力な豪族だった蘇我氏と
ともに（　①　）中心の国づくりを目指した。

● （　②　）は中国の政治や文化を取り入れるため、遣隋使として
（　③　）らを隋に送った。また、家柄に関係なく能力のある者
を役人に取り立てる制度である（　④　）や、役人の心構えであ
る（　⑤　）を定めた。

● （　②　）が建てた、現存す
る世界最古の木造建築であ
る（　⑥　）❶は世界文化遺
産に登録されている。

↑❶法隆寺

● 後に天智（　①　）となる（　⑦　）は、645年に中臣鎌足ととも
に蘇我氏をたおし、（　①　）中心の国をつくるためのさまざま
な改革を行った。これを（　⑧　）という。

● 8世紀初め、国を治めるための法律である（　⑨　）がつくられ
た。

● 8世紀の農民は（　⑩　）の収穫高の一部や地方の特産物、布を
納めるといった税負担があった。

> 農民は租・調・庸とよばれる税の他に、都や九州を守
> る兵士としての務めも課せられていたんだよ！

①
②
③
④
⑤
⑥
⑦
⑧
⑨
⑩

> 9.

日本の歴史③　天皇中心の国づくり1
聖徳太子の政治

1 資料を見て、次の問いに答えましょう。　　　　　50点（1つ10）

(1)　右の資料は、聖徳太子が定めた役人の心構えの一部です。これを何といいますか。

（　　　　　　　　　　　）

第1条　和を大切にし、人と争わないようにしなさい。
第2条　仏教をあつく敬いなさい。
第3条　天皇の命令には必ず従いなさい。

(2)　聖徳太子が目指した政治はどのようなものでしたか。資料中の第3条をもとに書きましょう。

（　　　　　　　　　　　　　　　　　　　　　　　　　　　）

(3)　次の①～③は、聖徳太子について述べたものです。①～③と関係の深いことがらを、あとの⑦～⑦からそれぞれ選びましょう。

①　仏教をあつく信仰していた。　　　　　　　　　　（　　　　）
②　中国の文化や制度を取り入れようとした。　　　　（　　　　）
③　家柄に関係なく能力のある人を役人に取り立てた。（　　　　）

⑦　遣隋使　　　⑦　冠位十二階　　　⑦　法隆寺の建立

2 次の問いに答えましょう。　　　　　50点（1つ10）

(1)　大化の改新について述べた次の文中の①～④にあてはまる言葉を　　から選びましょう。

　　聖徳太子の死後、豪族の（①　　　　　　　　　）が強大な力をもったため、中大兄皇子と（②　　　　　　　）は（①）をたおして聖徳太子が目指した政治を実現させるための改革を行った。これを大化の改新という。この改革によってすべての土地と（③　　　　　　）は国のものとなり、それまで各地で（③）を支配していた豪族は（④　　　　　　）として政治に参加することになった。

貴族　　　中臣鎌足　　　人民　　　蘇我氏

(2)　8世紀の初めに完成した、国を治めるための法律を何といいますか。

（　　　　　　　　　　　）

 ポイント　聖徳太子が目指した政治は、大化の改新によって進められ、その後、国を治める法律が成立したことで完成しました。

18

きほんの
ドリル
10。
ステップ1
時間 15分
問／10問中
月　日
サクッと
こたえ
あわせ
答え 73ページ

日本の歴史④　天皇中心の国づくり2
聖武天皇の政治

（　　　）にあてはまる言葉を、右の□□に書きましょう。

◉ 710年に都が奈良の（　①　）に移された。

◉（　②　）は、災害や反乱、病気の流行などで混乱した社会の不安をしずめるために全国に（　③　）を、都には（　③　）の中心となる（　④　）を建てることを命じた。

◉（　②　）は、743年に（　④　）に（　⑤　）をつくることを命じた。●

◉ 人々にしたわれていた僧の（　⑥　）のはたらきかけによって、（　⑤　）づくりには多くの人が協力した。

◉（　②　）は、政治のしくみや大陸の文化を学ばせるために中国に（　⑦　）を送った。

◉（　⑦　）によってもたらされた大陸の品々は、（　④　）の（　⑧　）という倉に納められている。

◉（　⑨　）は、日本に正式な仏教を広めるために、（　②　）の求めに応じて中国から日本にわたってきた。

◉（　⑨　）は、僧たちが修行するための寺として（　⑩　）を建てた。

↑● 東大寺の大仏

当時、中国から日本への航海はとても危険で、鑑真は、
5回失敗して6回目でようやく日本にたどり着きました。

①	
②	
③	
④	
⑤	
⑥	
⑦	
⑧	
⑨	
⑩	

きほんの
ドリル
10。

ステップ2

時間 15分　合格 80点　/100

月　日

サクッと
こたえ
あわせ

答え 73ページ

日本の歴史④　天皇中心の国づくり2
聖武天皇の政治

1 年表を見て、次の問いに答えましょう。　50点（1つ10）

(1) 年表中の①・②にあてはまる言葉をそれぞれ書きましょう。

①（　　　　　　　）

②（　　　　　　　）

(2) 年表中の①の都は、現在の何県にありましたか。（　　　　　　　）

(3) 年表中の下線部③について、この時に人々に大仏づくりの協力をよびかけた僧を何といいますか。

（　　　　　　　）

年	主なできごと
710	（①）に都が移される
741	聖武天皇が全国に（②）を建てる命令を出す ⋯⋯ ⑦
743	聖武天皇が③大仏をつくる命令を出す ⋯⋯⋯⋯ ⑦
752	大仏が完成する

(4) 聖武天皇が年表中の⑦や⑦を命じた理由を述べた次の文中の（　　　）にあてはまる言葉を漢字2字で書きましょう。

（　　　　　　　）の力で社会の不安をしずめ、国を治めるため。

2 次の問いに答えましょう。　50点（1つ10）

(1) 右の写真について述べた文として、正しいものには〇を、まちがっているものには×をつけましょう。

①（　　　）この建物には聖武天皇の愛用品などが納められている。

②（　　　）この建物には、遣唐使が西アジアから持ち帰ったものが納められている。

③（　　　）この建物は東大寺にあり、正倉院とよばれる。

(2) 聖武天皇が日本に正式な仏教を広めるために中国から招いた僧を何といいますか。

（　　　　　　　）

(3) (2)の僧が建てた寺院を何といいますか。（　　　　　　　）

ポイント　当時の中国は、ヨーロッパや西アジアとの交流が盛んで、日本も遣唐使が中国から持ち帰った品を通して世界とつながっていました。

夏休みの
ホームテスト

11。

時間 **20**分 ／ 合格 **80**点 ／**100**

月　　日

サクッと
こたえ
あわせ

答え **73**ページ

わたしたちのくらしと政治①〜⑤　日本の歴史①〜④

⭐1 日本国憲法について、次の問いに答えましょう。　　　　　25点（1つ5）

(1)　国民主権について述べた次の文中の①・②にあてはまる言葉を書きましょう。

> わたしたちは、選挙で自分たちの代表を選んだり、国会議員に立候補したりすることで（①　　　　　　　　）に参加しているが、これは国の（①）だけでなく、地方の（①）でも行われている。また、国や地方が何かを行う際に必要なお金は、わたしたちが納める（②　　　　　　　　）でまかなわれている。国や地方が（②）をわたしたちのために正しく使うようにするためにも、わたしたちは（①）に参加し、国民主権の原理を守っていく必要がある。

(2)　平和主義にもとづいて、日本は核兵器を「もたない、つくらない、もちこませない」と宣言しています。この宣言を何といいますか。　　（　　　　　　　　　）

(3)　基本的人権の1つを定めた日本国憲法第25条の条文中の①・②にあてはまる言葉を書きましょう。

> すべて国民は、（①　　　　　　　）で（②　　　　　　　）な最低限度の生活を営む権利を有する。

⭐2 図を見て、次の問いに答えましょう。　　　　　25点（1つ5）

(1)　図中の①・②にあてはまる言葉を書きましょう。
　　　　①（　　　　　　　）
　　　　②（　　　　　　　）

(2)　図中の③〜⑤にあてはまる言葉を、あとの⑦〜⑰からそれぞれ選びましょう。
　　　　③（　　　　）
　　　　④（　　　　）
　　　　⑤（　　　　）

⑦　衆議院　　⑦　憲法　　⑰　内閣総理大臣

（③）の解散を決める
（①）の召集を決める

裁判官をやめさせるかどうかの裁判を行う

（①）
（立法権）

（④）を指名する
（②）の不信任を決議する

選挙

法律が（⑤）に違反していないかを審査する

世論

最高裁判所裁判官の国民審査

国民

最高裁判所長官を指名する
その他の裁判官を任命する

（②）
（行政権）

裁判所
（司法権）

行政処分が（⑤）に違反していないかを審査する

➡ 裏のページに続くよ！　**21**

3 次の問いに答えましょう。

(1) 次の①～③の時代と関わりの深いものを、⑦～⑰から選び、それぞれ線でつなぎましょう。

① 縄文時代 ●　　　　　　　● ⑦　はにわ

② 弥生時代 ●　　　　　　　● ④　銅鐸

③ 古墳時代 ●　　　　　　　● ⑰　土偶

(2) 右の写真を見て、次の問いに答えましょう。

① このような形の古墳を何といいますか。

（　　　　　　　　　）

② このような大きな古墳がつくられたころの日本の様子について述べている文として、正しいものを次の⑦～⑰から選びましょう。

（　　　　　　　　　）

⑦ 大和朝廷が九州地方から東北地方南部までを支配していた。

④ 邪馬台国の卑弥呼が30あまりの国を治めていた。

⑰ むらとむらが争い、勝ったむらが負けたむらを従えてくにができた。

4 年表を見て、次の問いに答えましょう。

(1) 年表中の⑦・④の共通の目的として正しいものを、次の①～④から選びましょう。

（　　　　　　　　　）

① 中国に日本の文化を教えること。

② 中国の文化や制度を学ぶこと。

③ 中国を日本の支配下におくこと。

④ 日本が中国の支配下に入ること。

(2) 年表中の⑰のできごとから始まった、さまざまな改革を何といいますか。

（　　　　　　　　　）

年	主なできごと
607	遣隋使が送られる ………… ⑦
630	遣唐使が送られる ………… ④
645	中大兄皇子らが蘇我氏をたおす …………………………… ⑰
701	律令ができる
710	都が平城京に移る
724	⑤聖武天皇が天皇の位につく

(3) 年表中の下線部⑤の天皇について述べた文として、正しいものには〇を、まちがっているものには×をつけましょう。

①（　　　）仏教をあつく信仰し、法隆寺を建てた。

②（　　　）正式な仏教を日本に広めるため、鑑真を中国から招いた。

③（　　　）大仏づくりを命令し、行基がこれに協力した。

きほんの
ドリル
12。

ステップ1

時間 15分

問／9問中

月　日

サクッと
こたえ
あわせ

答え 74ページ

日本の歴史⑤　貴族のくらし
藤原道長の時代

（　　　）にあてはまる言葉を、右の□に書きましょう。

◉794年に都が京都の（　①　）に移された。

◉（　①　）で朝廷の政治を動かしていた人々を（　②　）という。

◉（　②　）は、（　③　）の
やしき❶に住み、儀式を
重んじ、年中（　④　）を
中心とした生活を送って
いた。

↑❶寝殿造のやしき

◉（　②　）の中でも
（　⑤　）氏が天皇との結
びつきを強めて大きな力をもった。（　⑤　）氏が最もさかえた
のは（　⑥　）のころである。

◉9世紀の終わりごろ、日本風の
文化（国風文化）が生まれ、漢
字をもとにした（　⑦　）❷がつ
くられた。

安→あ→あ	阿→ア
以→い→い	伊→イ
宇→う→う	宇→ウ
衣→え→え	江→エ
於→れ→お	於→オ

↑❷かな文字

◉（　⑦　）によって気持ちを自由
に表現できるようになり、
（　⑧　）が書いた『源氏物語』のような小説や、清少納言が書
いた『（　⑨　）』のような文学作品が多く生まれた。

①
②
③
④
⑤
⑥
⑦
⑧
⑨

藤原氏は、自分のむすめを天皇のきさきにして、生ま
れた子どもを天皇の位につけることで天皇の祖父とし
て力をにぎったよ！

きほんの
ドリル
12.

ステップ2

時間 15分　合格 80点　／100

月　日

サクッと
こたえ
あわせ

答え 74ページ

日本の歴史⑤　貴族のくらし
藤原道長の時代

① 次の問いに答えましょう。　　　　　　　　　　　50点（1つ10）

(1) 右の歌は、平安時代に力をもった貴族がよんだものです。
この歌をよんだ人物を書きましょう。

（　　　　　　　　　）

(2) 平安時代の貴族が住んでいたやしきのつくりを何といいま
すか。　　　　　　　　　　　　（　　　　　　　　　）

(3) 平安時代の貴族のくらしについて述べた文として、正しい
ものには〇を、まちがっているものには×をつけましょう。
①（　　　）儀式を重視した生活を送り、蹴鞠などに親しんだ。
②（　　　）正装として男性は束帯とよばれる服を着ていた。
③（　　　）都や九州の守りを固めるため、兵士としての役割をになった。

> この世をば
> わが世とぞ思ふもち月の
> かけたることも
> なしと思へば

② 絵を見て、次の問いに答えましょう。　　　　　　50点（1つ10）

(1) 平安時代に生まれた、右のような日本の風
景や貴族の生活ぶりをえがいた絵を何といい
ますか。

（　　　　　　　　　）

(2) 右の絵は、『源氏物語』の一場面をえがい
たものです。『源氏物語』の作者を書きましょ
う。　　　　　　（　　　　　　　　　）

(3) (2)の人物と同じころにかつやくした、『枕草子』の作者を書きましょう。

（　　　　　　　　　）

(4) 『源氏物語』や『枕草子』は平安時代に生まれたどのような文字で書かれましたか。

（　　　　　　　　　）

(5) 平安時代の年中行事で、現在も7月に行われているものを次の①～④から選びま
しょう。　　　　　　　　　　　　　　　　　　（　　　　　　　　　）
① 七夕　　② 七五三　　③ 端午の節句　　④ 七草粥

ポイント
平安時代になると、大陸から伝わったさまざまな文化をもとに日本風の文化が生まれます。
それらは、現在にも伝わっています。

きほんの ドリル
13。
 ステップ1

時間 15分

問／10問中

月　日

サクッと
こたえ
あわせ

答え 74ページ

日本の歴史⑥　武士による政治1
平清盛の政治

（　　　）にあてはまる言葉を、右の□に書きましょう。

◉ 平安時代中ごろから現れた、地方で武力によって領地を支配したり、都で天皇や貴族を警護したりする人々を（　①　）という。

◉ （　①　）は、自分の領地で農民を支配する一方、領地を守るため、堀で囲まれたやかた❶に住み、ふだんから（　②　）にはげんでいた。

↑❶武士のやかた

◉ （　①　）の中でも特に力を強めたのが（　③　）と平氏である。

◉ 平氏の（　④　）は、（　⑤　）の乱で源 義朝を破ると、朝廷で大きな力をにぎるようになった。

◉ （　④　）は、武士として初めて（　⑥　）の地位につき、中国（（　⑦　））との貿易を行うなどして力を強めた。

◉ （　⑤　）の乱後、伊豆に流されていた（　⑧　）は、関東の武士とともに兵をあげ、弟の源 義経が（　⑨　）（山口県）で平氏をほろぼした。

◉ 平氏をほろぼした（　⑧　）は1192年に朝廷から（　⑩　）に任じられ、全国の武士をまとめる地位についた。

平清盛は、藤原氏と同じように自分のむすめを天皇のきさきにして朝廷で力をにぎり、政治を思うままに動かしたよ！これに多くの貴族や武士が不満をもったんだ。

①
②
③
④
⑤
⑥
⑦
⑧
⑨
⑩

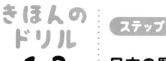
きほんの ドリル
13。

ステップ2

時間 15分 合格 80点 /100

月 日

サクッと こたえ あわせ

答え 74ページ

日本の歴史⑥　武士による政治1
平清盛の政治
たいらのきよもり

1 次の問いに答えましょう。　　　　　　　　　　　　　50点（1つ10）

(1) 武士について述べた文として、正しいものには○を、まちがっているものには×をつけましょう。

①(　　　)武士は、ふだんから和歌について学び、蹴鞠や囲碁に親しんだ。

②(　　　)武士は、土地を守るために、馬の世話や武芸の訓練にはげんだ。

③(　　　)武士は、天皇や貴族の護衛をしたり、都の警備をしたりした。

(2) 平清盛について述べた次の文中の①・②にあてはまる言葉を書きましょう。

> 平清盛は、武士として初めて(①　　　　　　　　)の地位につき、朝廷で大きな力をにぎるとともに、神戸の港を整備して中国 ((②　　　　　　)) との貿易を積極的に行い、ばく大な利益を得た。

2 地図を見て、次の問いに答えましょう。　　　　　　　50点（1つ10）

(1) 次の①～③で説明した場所を、地図中の⑦～⑨からそれぞれ選びましょう。

① 源頼朝はこの地に拠点を置いた。　　　(　　　　)

② 平氏はこの地で源義経に敗れてほろんだ。
(　　　　)

③ 源氏と平氏が争っている間も、この地には朝廷があり、都であった。

(　　　　)

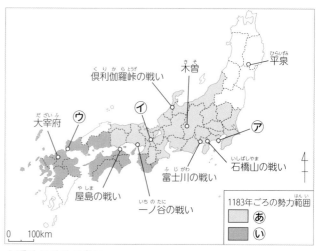

↑源氏と平氏の争い

(2) 地図中で色分けされた⑤・⑥は源氏と平氏の勢力範囲を示しています。源氏の勢力範囲にあたるのは⑤・⑥のどちらですか。　　　(　　　　)

(3) 源頼朝が1192年に朝廷から任じられた、全国の武士のかしらとしての地位を何といいますか。
(　　　　)

ポイント　源頼朝は平氏をたおした後、自分に従う武士を守護・地頭という役職に任命して全国に置くことを朝廷に認めさせ、勢力範囲を広げていきました。

 きほんの ドリル
14。
 ステップ1
 時間 15分
問／10問中
月　日
 サクッと こたえ あわせ
答え 74ページ

日本の歴史⑦　武士による政治2
鎌倉幕府の政治と元軍との戦い

（　　　）にあてはまる言葉を、右の □ に書きましょう。

● 源 頼朝が鎌倉に開いた武士による政府を（　①　）といい、源 頼朝の家来になった武士を（　②　）という。

● 源頼朝は、（　②　）に領地の所有を認めた。これを（　③　）という。一方で、（　②　）は戦いが起こった場合は（　①　）のために戦う（　④　）を行った。●

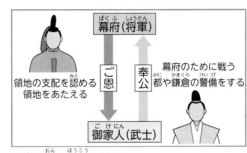

↑●ご恩と奉公の関係

● 源氏の将軍が3代で絶えたあとは、北条氏が（　⑤　）として（　①　）の政治を行った。

● 朝廷が（　①　）をたおそうと兵をあげると、源頼朝の妻である（　⑥　）のよびかけにこたえた（　②　）が朝廷を破った。

● 13世紀後半、大陸ではモンゴルがアジアからヨーロッパにまたがる地域を支配し、中国に（　⑦　）という国をつくった。

● （　⑦　）は日本を従えようと何度も使者を送ってきたが、当時の（　⑤　）だった（　⑧　）がこれをこばむと、（　⑦　）が2度にわたって（　⑨　）北部にせめてきた。

● （　⑦　）の軍は、集団戦術や（　⑩　）とよばれる火薬兵器で（　②　）たちを苦しめた。

2度にわたってせめてきた元軍は、御家人の抵抗や暴風雨によって大陸に引きあげていきました。

①
②
③
④
⑤
⑥
⑦
⑧
⑨
⑩

27

きほんの
ドリル
14。
ステップ2

時間 15分　合格 80点　／100

月　日

サクッと
こたえ
あわせ

答え 74ページ

日本の歴史⑦　武士による政治2
鎌倉幕府の政治と元軍との戦い

1 図を見て、次の問いに答えましょう。
50点（1つ10）

(1) 図中の①〜③にあてはまる言葉を、____ からそれぞれ選びましょう。

①（　　　　）
②（　　　　）
③（　　　　）

奉公　ご恩　領地

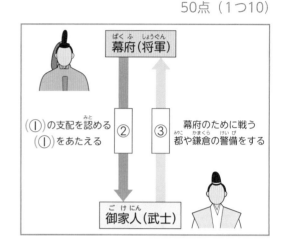

幕府（将軍）

（①）の支配を認める
（①）をあたえる
②
③
幕府のために戦う
都や鎌倉の警備をする

御家人（武士）

(2) 1221年に朝廷が鎌倉幕府をたおそうとしたとき、御家人に朝廷と戦うようよびかけた人物はだれですか。
（　　　　　　　　）

(3) 源氏の将軍が3代で絶えたあと、鎌倉幕府の政治の実権をにぎった、将軍に代わって政治を行う役職を何といいますか。　（　　　　　　　　）

2 絵を見て、次の問いに答えましょう。
50点（1つ10）

(1) 絵は鎌倉時代に2度にわたって日本にせめてきた外国軍との戦いの様子をえがいたものです。日本にせめてきた国を何といいますか。

（　　　　　　　　）

(2) このとき、鎌倉幕府の実権をにぎっていた人物を何といいますか。

（　　　　　　　　）

(3) このできごとで敵軍と戦った御家人について述べた文として、正しいものには〇を、まちがっているものには×をつけましょう。

①（　　　）御家人は集団戦法や火薬兵器に苦しめられた。
②（　　　）御家人は鎌倉の海岸で戦い、敵軍が上陸するのを防いだ。
③（　　　）この戦いの後、御家人はますます幕府を支えるようになった。

ポイント
御家人は命がけで元軍と戦ったものの、幕府は新たな領地を御家人にあたえることができませんでした。

28

まとめの
ドリル

15。 日本の歴史①〜⑦

時間 **20**分 ｜ 合格 **80**点 ｜ ／**100**

月　　日

サクッと
こたえ
あわせ

答え **74**ページ

1 地図を見て、次の問いに答えましょう。

25点（1つ5）

(1) 地図中の①〜③の遺跡から出土したも
のを、次の⑦〜⑦からそれぞれ選びま
しょう。

①（　　　　）
②（　　　　）
③（　　　　）

⑦　家や人物などの形をしたはにわ

⑦　矢じりがささったままの人骨

⑦　いくつものたて穴住居あとや土偶

(2) 邪馬台国があったとされる時代と同じ
時代の遺跡を地図中の①〜③から選びま
しょう。　　　　　　　（　　　　）

(3) 日本に仏教や土木技術が伝わった時代の遺跡を地図中の①〜③から選びましょう。

（　　　　）

①三内丸山遺跡

③吉野ヶ里遺跡

②仁徳天皇陵古墳(大仙古墳)

0　　　500km

2 年表を見て、次の問いに答えましょう。

25点（1つ5）

(1) 年表中の①〜③の人物と関わりの深いこ
とがらを、次の⑦〜⑦からそれぞれ選びま
しょう。　　　①（　　　　）
②（　　　　）　③（　　　　）

⑦　全国に国分寺を建てさせた。

⑦　十七条の憲法を定めた。

⑦　大化の改新を進めた。

(2) 年表中の（　　）にあてはまる都を何とい
いますか。　　　　　（　　　　）

(3) 次の⑦〜⑦は年表中の①〜③のいずれかの人物の政治について述べたものです。
③の人物の政治にあてはまるものを選びましょう。　　　　　　（　　　　）

⑦　仏教の力で社会の不安をしずめようとした。

⑦　身分に関係なく能力のある人物を役人に取り立てた。

⑦　すべての土地と人民を国のものとした。

年	主なできごと
593	①聖徳太子が天皇を補佐する役職につく
668	②中大兄皇子が天智天皇となる
710	都が（　　）に移される
724	③聖武天皇が天皇の位につく

↓裏のページに続くよ！

3 絵を見て、次の問いに答えましょう。

(1) 右の絵のようなやしきのつくりを何といいますか。

（　　　　　　　　　）

(2) 右の絵のようなやしきに貴族（きぞく）が住んでいた時代について、次の文にあてはまる正しい言葉を選び、◯で囲みましょう。

このやしきには①{ 奈良（なら） ・ 平安（へいあん） }時代の貴族が住んでいた。このようなやしきに住んでいた②{ 藤原道長（ふじわらのみちなが） ・ 中臣鎌足（なかとみのかまたり） }は、自分のむすめを天皇（てんのう）のきさきにすることで政治を動かすほどの大きな力をもった。また、このころ③{ かな文字 ・ 漢字 }が生まれ、その文字を使った紫式部（むらさきしきぶ）の④{ 『源氏物語（げんじものがたり）』 ・ 『枕草子（まくらのそうし）』 }など、多くの文学作品が生まれた。

4 年表を見て、次の問いに答えましょう。

(1) 年表中の①のあと、源頼朝（みなもとのよりとも）が国ごとに置いた、軍事・警察の仕事をする役職は次の⑦・⑦のうちどちらですか。

（　　　　　）

⑦　地頭（じとう）　　⑦　守護（しゅご）

(2) 年表中の②にあてはまる言葉を書きましょう。（　　　　　）

(3) 年表中の③のとき、御家人（ごけにん）が鎌倉幕府（かまくらばくふ）に従（したが）って朝廷（ちょうてい）と戦った理由について述べた次の文の（　　）にあてはまる言葉を書きましょう。

年	主なできごと
1185	源氏（げんじ）が壇ノ浦（だんのうら）で平氏をほろぼす……………………………………………①
1192	源頼朝（みなもとのよりとも）が（②）になる
1221	朝廷が鎌倉幕府をたおそうとする………………………………………③
1274	元軍がせめてくる（1回目）………………………………………④

将軍（しょうぐん）との間に（　　　　　　　　　　）の関係を結んでいたから。

(4) 年表中の④のとき、鎌倉幕府の政治の実権（じっけん）をにぎっていた人物を、次の⑦～⑦から選びましょう。（　　　　　）

⑦　源義経（みなもとのよしつね）　　⑦　源頼朝　　⑦　北条時宗（ほうじょうときむね）　　⑦　北条政子（まさこ）

(5) 年表中の④のあと、元軍との戦いに備えて九州の海岸に築かれたものは何ですか。次の⑦～⑦から選びましょう。（　　　　　）

⑦　防塁（ぼうるい）　　⑦　やしき　　⑦　寺

きほんのドリル 16

日本の歴史⑧　室町時代の文化
今に伝わる文化

（　　　）にあてはまる言葉を、右の□□に書きましょう。

◉鎌倉幕府がたおれたあと、京都に開かれた新しい幕府を
（　①　）幕府という。

◉（　①　）幕府の力が最も強まったのは3代将軍（　②　）のとき
である。

◉（　②　）は、京都の北山
に（　③　）❶を建て、
（　④　）を大成させた観
阿弥・（　⑤　）父子を支
えんするなど、文化や芸
術を保護した。

↑❶金閣

◉（　②　）は、中国（（　⑥　））との貿易を行った。

◉8代将軍（　⑦　）は京都の東山に（　⑧　）を建てた。

◉（　⑧　）のすぐそばにあ
る東求堂では、（　⑨　）
とよばれる建築様式❷が
見られる。

↑❷書院造

◉（　①　）時代に（　⑩　）
がすみ絵（水墨画）を芸
術として大成させた。

①
②
③
④
⑤
⑥
⑦
⑧
⑨
⑩

書院造は、たたみやふすま、障子などがある、現在の和
室につながるつくりだよ！

きほんの ドリル 16。

ステップ2

時間 15分
合格 80点
／100

月　　日

サクッと こたえ あわせ
答え 75ページ

日本の歴史⑧　室町時代の文化
今に伝わる文化

1 次の問いに答えましょう。　　　　　　　　　　　　　　50点（1つ10）

(1) 室町幕府について述べた次の文中の①〜③にあてはまる言葉を、□□□から選びましょう。

> 室町幕府は、（①　　　　　　　　　）に開かれ、3代将軍（②　　　　　　　　　）のときに最も力をつけた。（②）は、㋐中国との貿易を行い、文化や芸術を保護した。特に、（②）に保護された（③　　　　　　　　　）・世阿弥父子は、㋑能を大成させた。

観阿弥　　　足利義満　　　京都

(2) 文中の下線部㋐について、このときの中国の国名を、次の㋐〜㋑から選びましょう。　　　　　　　　　　　　　　　　　　　　　　（　　　　　）
　㋐ 明　　㋑ 隋　　㋒ 唐　　㋓ 元

(3) 文中の下線部㋑について、能と同じく室町時代に人々の間に広まった、民衆の生活をおもしろおかしく演じるものを何といいますか。　　（　　　　　）

2 絵を見て、次の問いに答えましょう。　　　　　　　　　　50点（1つ10）

(1) 右の絵のような、すみ絵（水墨画）を大成させた人物を何といいますか。
　　　　　　　（　　　　　　　　）

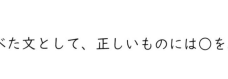

(2) すみ絵は、ふすまや床の間をかざるかけ軸にもえがかれるようになりました。ふすまや床の間のある部屋のつくりを何といいますか。
　　　　　　　（　　　　　　　　）

(3) すみ絵が大成されたころの文化について述べた文として、正しいものには〇を、まちがっているものには×をつけましょう。
　①（　　　）足利義政が建てた金閣にすみ絵がえがかれた。
　②（　　　）東求堂が現在の和室につながる建築様式でつくられた。
　③（　　　）すみ絵とともに茶の湯や生け花がさかんになった。

 ポイント　室町時代は、文化だけでなく、新しい農具や肥料が広まったことで産業も発達しました。

きほんの
ドリル
17.
ステップ1
時間 15分
問 ／ 10問中
月　日
サクッと
こたえ
あわせ
答え 75ページ

日本の歴史⑨　戦国の世と天下統一
織田信長と豊臣秀吉の政治

（　　　　）にあてはまる言葉を、右の□に書きましょう。

◉ 15世紀後半に室町幕府の力がおとろえると、各地で実力をつけた武将が（　①　）とよばれるようになり、勢力を争う時代がおよそ100年続いた。❶

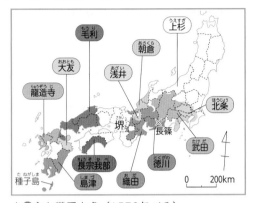

↑❶主な戦国大名（1570年ごろ）

◉ 1543年にポルトガル人の乗った船が種子島に流れ着き、（　②　）が日本に伝わった。

◉ 1549年に（　③　）が鹿児島に来て日本にキリスト教を伝えた。

◉ （　④　）は1575年の（　⑤　）の戦いで（　②　）を用いた戦術で武田氏を破り、滋賀県に（　⑥　）城を築いて天下統一の拠点とした。

◉ （　④　）は、（　⑥　）城下では（　⑦　）の政策をとって、だれでも自由に商売ができるようにした。

◉ （　④　）の死後、天下統一を果たした（　⑧　）は、確実に年貢をとるために（　⑨　）を行い、百姓の一揆を防ぐために（　⑩　）令を出して百姓から武器を取り上げた。

この時代、さかんに行われたスペインやポルトガルとの貿易を南蛮貿易というんだ！カステラもこのころに伝わったよ。

①
②
③
④
⑤
⑥
⑦
⑧
⑨
⑩

きほんの
ドリル

 ステップ2

| 時間 15分 | 合格 80点 | /100 | 月 日 |

サクッと
こたえ
あわせ

答え 75ページ

17。 日本の歴史⑨ 戦国の世と天下統一
織田信長と豊臣秀吉の政治

① 年表を見て、次の問いに答えましょう。　　　　　　　　　　　50点（1つ10）

(1) 年表中の①～④にあてはまる言葉を
　　　　から選びましょう。

①（　　　　　　　）
②（　　　　　　　）
③（　　　　　　　）
④（　　　　　　　）

年	主なできごと
1543	種子島に（①）が伝わる
1549	フランシスコ・ザビエルによって（②）が伝わる
1560	織田信長が（③）の戦いで今川氏を破る
1575	織田信長が（④）の戦いで武田氏を破る

キリスト教　桶狭間　長篠　鉄砲

(2) 年表中の下線部の人物は安土城下で楽
　　市・楽座の政策をとりましたが、この政策によって安土城下ではどのようなことが
　　できるようになりましたか。簡単に書きましょう。

（　　　　　　　　　　　　　　　　　　　　　　　　　　　　　　　　　　　　）

② 次の問いに答えましょう。　　　　　　　　　　　　　　　　　50点（1つ10）

(1) 右の図は、豊臣秀吉が全国的に行った政策
　　の様子をえがいたものです。この政策を何と
　　いいますか。

（　　　　　　　　　　　）

(2) (1)の政策と豊臣秀吉が出した刀狩令によっ
　　て、世の中はどう変わりましたか。次の文に
　　あてはまるように書きましょう。

百姓と武士との（　　　　　　　　　　　　　）がはっきりした。

(3) 豊臣秀吉について述べた文として、正しいものには○を、まちがっているものに
　　は×をつけましょう。
①（　　）本能寺で明智光秀におそわれて命を落とした。
②（　　）明を征服しようとして朝鮮に2度兵を送った。
③（　　）京都から足利氏を追放して室町幕府をほろぼした。

 ポイント　豊臣秀吉は元は織田信長の家来でしたが、信長の死後、大阪を拠点にほかの武将をおさえて
天下統一を果たしました。

34

きほんの
ドリル
18.

日本の歴史⑩　江戸幕府の成立と政治の安定1
将軍による支配

（　　　　）にあてはまる言葉を、右の□に書きましょう。

◉ 豊臣秀吉の死後、関東の有力大名だった（　①　）は、1600年の（　②　）の戦いで対立する大名を破り、江戸幕府を開いた。

◉（　①　）は全国の大名を、親藩と、（　②　）の戦い以前からの家来である（　③　）、（　②　）の戦いよりあとに家来となった（　④　）の3つに分けた。これらを幕府の都合のよい所に配置することで大名の支配を固めた。❶

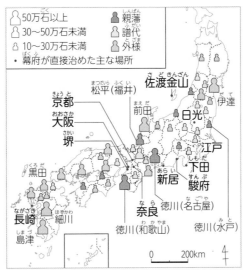

```
♟ 50万石以上      ♟ 親藩
♟ 30～50万石未満  ♟ 譜代
♟ 10～30万石未満  ♟ 外様
・幕府が直接治めた主な場所
```

佐渡金山　松平（福井）　京都　大阪　堺　前田　日光　伊達　江戸　下田　駿府　黒田　新居　長崎　細川　奈良　徳川（名古屋）　島津　徳川（和歌山）　徳川（水戸）

0　　200km

↑❶大名の配置（1664年）

◉（　①　）は、1615年に（　⑤　）氏をほろぼした。江戸幕府は（　⑥　）というきまりを定めて、大名を取りしまった。

◉ 3代将軍（　⑦　）のころに江戸幕府のしくみが確立し、幕府の支配が安定した。

◉（　⑦　）が定めた（　⑧　）の制度では、大名は1年おきに（　⑨　）と領地を行き来しなければならなかった。

◉（　⑧　）の制度にかかる（　⑩　）は、大名にとって大きな負担となった。

大名は江戸城の修理や河川の工事なども命じられていました。

①
②
③
④
⑤
⑥
⑦
⑧
⑨
⑩

きほんの
ドリル
18。
ステップ2

時間 15分　合格 80点　/100
月　日
サクッと
こたえ
あわせ
答え 75ページ

日本の歴史⑩　江戸幕府の成立と政治の安定1
将軍による支配

1 図を見て、次の問いに答えましょう。　　50点（1つ10）

(1) 右の図は、江戸幕府が全国の大名を支配するためのくふうです。図中の①〜③が示す大名をそれぞれ何といいますか。

①（　　　　　　　）
②（　　　　　　　）
③（　　　　　　　）

(2) 図中の③の大名は、主にどのような場所に置かれていますか。簡単に書きましょう。

（　　　　　　　　　　　　　　　）

(3) 徳川家康が対立する大名を破った1600年の戦いを何といいますか。

（　　　　　　　　　　）

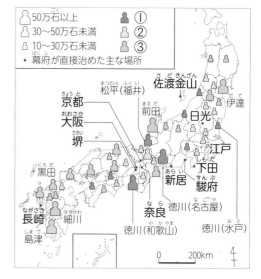

50万石以上　👤①
30〜50万石未満　👤②
10〜30万石未満　👤③
・幕府が直接治めた主な場所

佐渡金山
松平(福井)
京都
前田
伊達
大阪
日光
堺
江戸
黒田
新居
下田
駿府
奈良
徳川(名古屋)
長崎
細川
徳川(和歌山)
徳川(水戸)
島津

0　200km

2 資料を見て、次の問いに答えましょう。　　50点（1つ10）

(1) 資料は、江戸幕府が定めた大名が守るべききまりです。これを何といいますか。

（　　　　　　　　　）

(2) 資料中の下線部の制度を定めた人物を何といいますか。

（　　　　　　　　　）

(3) 参勤交代の制度について述べた次の文中の①〜③にあてはまる言葉を書きましょう。

- ― 自分の領地の城を修理した場合は、必ず報告しなければならない。
- ― 将軍の許可をえずに大名の家どうしで結婚してはならない。
- ― 大名は江戸へ参勤交代すること。（1635年に追加）

　大名は1年おきに領地をはなれ、（①　　　　　　　）のやしきに住み、幕府に勤務しなければならなかった。大名の妻と（②　　　　　　　）は人質として（①　　　）におり、参勤交代にかかる（③　　　　　　　）も大名の負担だったため、この制度は幕府による大名の支配を固めることとなった。

ポイント　幕府が定めたきまりに反した大名は領地を取り上げられるなど、処分されました。家康のころから3代将軍のころまでに多くの大名が領地を取り上げられました。

きほんのドリル 19

日本の歴史⑪ 江戸幕府の成立と政治の安定2
鎖国の完成

答え **75ページ**

（ ）にあてはまる言葉を、右の□に書きましょう。

● 江戸時代は、少数の（ ① ）が、人口の大部分をしめる百姓や町人を支配する身分だった。

● 百姓は農村や漁村、山村に住み、村のまとまりごとにつくられた（ ② ）というしくみのもとで重い年貢（税）を納めさせられた。

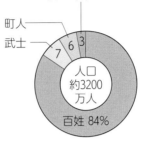

公家・僧・神官、百姓・町人とは別の身分とされた人々など

町人 武士 7 6 3

人口約3200万人 百姓84%

↑❶江戸時代の身分ごとの人口の割合

● 江戸時代の初めごろ、（ ③ ）との貿易がさかんになり、多くの日本人が（ ③ ）に移り住んで各地に（ ④ ）がつくられた。

● 徳川家光は、（ ⑤ ）教を禁止し、日本人が外国へ行くことや外国にいる日本人が帰国することを禁止した。

● 1637年に（ ⑥ ）・天草で（ ⑤ ）教の信者をふくむ3万数千人が一揆を起こした。

● 徳川家光は、（ ⑤ ）教の取りしまりを厳しくし、貿易相手国を（ ⑦ ）と中国に限り、貿易港も長崎のみとした。この政策はのちに（ ⑧ ）とよばれた。

● （ ⑧ ）の間も、薩摩藩を通して（ ⑨ ）と、対馬藩を通して朝鮮と、松前藩を通して蝦夷地との貿易は行われた。

① ② ③ ④ ⑤ ⑥ ⑦ ⑧ ⑨

幕府はキリスト教を広めようとするスペインやポルトガルの船が来ることを禁じたよ！

きほんの
ドリル
19。
ステップ2
時間 15分
合格 80点
/100
月　　日
サクッと
こたえ
あわせ
答え 75ページ

日本の歴史⑪ 江戸幕府の成立と政治の安定2
鎖国の完成

1 江戸時代の社会の様子について、次の文中の①〜⑤にあてはまる言葉を ▢ から
選びましょう。　　　　　　　　　　　　　　　　　　　　　50点（1つ10）

　　江戸時代は身分が固定化し、（①　　　　　　　　　）が、人口の80％以上をしめ
る（②　　　　　　　　　）や、町人を支配していた。農村や漁村、山村に住む（②）は
（③　　　　　　　　　）というしくみのもとで（④　　　　　　　　　）を納めるほか、道
路の修理や堤防の工事などの力仕事もさせられた。一方で（①）は名字を名のり、
（⑤　　　　　　　　　）をもつといった特権をもっていた。

五人組　　武士　　刀　　年貢　　百姓

2 絵を見て、次の問いに答えましょう。　　　　　　　　　　　　50点（1つ10）

(1)　右の絵で行われていることについて、次の文中
　の①・②にあてはまる言葉を書きましょう。

　　この絵の様子は（①　　　　　　　　　）といい、
（②　　　　　　　　　）の信者ではないことを確
かめるために行われている。

(2)　右の絵のようなことが行われたのは、九州地方
　で起こった一揆のあとです。この一揆を何といいますか。

　　　　　　　　　　　　　　　　　　　　　　　（　　　　　　　　　　　）

(3)　(2)よりあとの江戸幕府の貿易政策について述べた文として、正しいものを次の⑦
　〜エから2つ選びましょう。　　　　　　　　　　　　　　　（　　　・　　　）
　⑦　長崎でポルトガルやスペインとの貿易をさかんに行った。
　⑦　薩摩藩を通して琉球と、対馬藩を通して朝鮮と貿易を行った。
　⑦　オランダと中国のみ、長崎の港への出入りを許可して貿易を行った。
　エ　日本人の自由な貿易を許可し、東南アジアへたくさんの人をわたらせた。

ポイント　五人組のしくみでは、年貢を納められなかったり、罪をおかしたりした人が出た場合、共同
で責任を負わされました。

きほんの
ドリル
20.

 ステップ1

時間 15分

問／10問中

月　　日

サクッと
こたえ
あわせ

答え 76ページ

日本の歴史⑫　江戸時代の文化と社会
町人の文化と新しい学問

（　　　）にあてはまる言葉を、右の▢に書きましょう。

◉ 争いがなくなり、社会が安定した江戸時代は、商業が発達し、江戸や大阪（おおさか）のまちでは（　①　）を中心とした文化がさかえた。

◉（　②　）や人形浄瑠璃（じょうるり）が芝居（しばい）小屋で上演され、人々の人気を集めた。

◉ 当時の風景や人々の日常をえがいた（　③　）が多色刷りの版画として刷られ、多くの人が買い求めた。（　④　）がえがいた「東海道五十三次（とうかいどう ごじゅうさんつぎ）」は特に人気だった。

◉ 鎖国（さこく）中だった当時、ヨーロッパの学問はオランダ語の書物を通して研究されていたため、（　⑤　）という。

◉（　⑥　）や前野良沢（まえ の りょうたく）らは、オランダ語の医学書を日本語にほん訳（やく）し、『（　⑦　）』❶を出版した。

◉ 仏教や儒学（じゅがく）が伝わる前の、日本古来の考え方を研究する学問を（　⑧　）といい、『古事記伝』を書いた（　⑨　）が発展（はってん）させた。

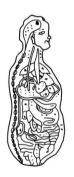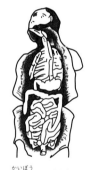

↑❶当時の医学書の解剖図（かいぼう）（左）と『解体新書』の人体図（右）

◉ 江戸時代後半、ききんなどによって物価が上がり、人々の生活が苦しくなると、百姓（　⑩　）や打ちこわしが各地で起こるようになった。

> 19世紀の中ごろ、苦しむ人々を救うため、幕府の元役人だった大塩平八郎（おおしおへいはちろう）は大阪で反乱を起こしたよ！

①
②
③
④
⑤
⑥
⑦
⑧
⑨
⑩

きほんの
ドリル
20.
ステップ2
時間 15分
合格 80点
/100
月　　日

サクッと
こたえ
あわせ
答え 76ページ

日本の歴史⑫　江戸時代の文化と社会
町人の文化と新しい学問

1 絵を見て、次の問いに答えましょう。　　　　　　　　　50点（1つ10）

(1) 右の絵は、江戸時代に人々の人気を集めた「富嶽三十六景（ふがくさんじゅうろっけい）」です。この絵のように、当時の風景や人々の様子を題材にした絵画を何といいますか。　　　　（　　　　　　　）

(2) (1)は安かったため、江戸時代に多くの人が買い求め、広まりました。(1)が安かった理由を簡単（かん）（たん）に書きましょう。

（　　　　　　　　　　　　　　　　　　　　　　　　　）

(3) この絵と同じく人気だった「東海道五十三次（とうかいどう ご じゅうさんつぎ）」をえがいた人物を、次の⑦〜⓪から選びましょう。　　　　　　　（　　　　　　　）

　⑦　近松門左衛門（ちかまつもん ざ え もん）　　④　葛飾北斎（かつしかほくさい）　　⑦　歌川広重（うたがわひろしげ）　　⓪　雪舟（せっしゅう）

(4) この絵が人気を集めたころの文化は、どのような身分の人々を中心に生まれたものですか。　　　　　　　　　　　　　　　　　（　　　　　　　）

(5) このころ「天下の台所」とよばれた都市はどこですか。　（　　　　　　　）

2 次の①〜⑤と関わりの深いことがらを、右の⑦〜⓪からそれぞれ選び、線でつなぎましょう。　　　　　　　　　　　　　　　　　　　　50点（1つ10）

①　杉田玄白（すぎ た げんぱく）　●　　　　　　　●⑦　読み・書き・そろばん

②　本居宣長（もとおりのりなが）　●　　　　　　　●④　正確な日本地図

③　寺子屋（てら こ や）　●　　　　　　　●⑦　『解体新書』（かいたいしんしょ）

④　伊能忠敬（い のうただたか）　●　　　　　　　●⓪　国学の発展（はってん）

⑤　大塩平八郎（おおしおへいはちろう）●　　　　　　　●⓪　大阪で反乱（おおさか）（はんらん）

 ポイント　江戸時代は、参勤交代（さんきんこうたい）などにともない、江戸と各都市を結ぶ五街道（ご かいどう）が整備され、人の行き来がさかんになり、商業が発達して新しい文化が生まれました。

きほんの
ドリル
21
ステップ1
時間 15分
問／9問中
月　日
サクッと
こたえ
あわせ
答え 76ページ

日本の歴史⑬　江戸から明治へ1
開国から明治維新

（　　　）にあてはまる言葉を、右の□に書きましょう。

◉ 1853年にアメリカ合衆国の使者である（　①　）が日本に開国を求めて浦賀（神奈川県）に現れた。江戸幕府は1854年にアメリカと（　②　）を結んで開国した。

◉ （　③　）と長州藩は、1858年に幕府が日米修好通商条約を結んで外国との貿易を始めたことに反発し、新しい政治のしくみをつくろうとした。

◉ 幕府の15代将軍（　④　）は政権を朝廷に返して江戸幕府の政治は終わった。

◉ 1868年、天皇の名で（　⑤　）という新しい政治の方針が出され、明治時代となった。

◉ 明治政府は江戸時代の藩を廃止して新たに県や府を置く（　⑥　）を行い、政府が全国を治めるしくみを整えた。

◉ 明治政府が進めた、日本をヨーロッパの国々とならぶ強国にするために、工業をさかんにして強い軍隊をもとうという考えを（　⑦　）という。（　⑦　）のために、明治政府が官営工場をつくる❶などして近代産業をおこそうとした政策を（　⑧　）という。

↑❶日本初の官営工場　富岡製糸場

◉ 西洋の文明を積極的に取り入れようという動きを（　⑨　）といい、日本の生活や考え方が大きく変わった。

①
②
③
④
⑤
⑥
⑦
⑧
⑨

明治政府は、富国強兵のために徴兵令を出しました。

きほんの
ドリル
21。

ステップ2

時間 15分 | 合格 80点 | /100

月 日

サクッと
こたえ
あわせ

答え 76ページ

日本の歴史⑬ 江戸から明治へ1
開国から明治維新

1 年表を見て、次の問いに答えましょう。 50点（1つ10）

(1) 年表中の①・②にあてはまる言葉を、それぞれ漢字2字で書きましょう。

①（　　　　　）

②（　　　　　）

年	主なできごと
1854	日米和親条約を結び、（①）する
1858	日米修好通商条約を結び、外国と（②）を始める ………⑦
1867	徳川慶喜が政権を朝廷に返す
1868	（③）が出される

(2) 年表中の⑦に反発して新しい政府をつくろうとした藩を、次の⑥〜⑥から2つ選びましょう。 （　　・　　）

⑥ 薩摩藩　　⑥ 対馬藩

⑥ 松前藩　　⑥ 長州藩

(3) 年表中の③は明治政府が出した新しい政治の方針です。この方針を何といいますか。 （　　　　　　　　　　）

2 次の問いに答えましょう。 50点（1つ10）

(1) 明治維新について述べた次の文中の①〜③にあてはまる言葉を、　　から選びましょう。

　　明治政府は新しい政治のしくみをつくるため、（①　　　　　　　）を行ってそれまでの藩を廃止して府や県を置き、政府が任命した役人に地方を治めさせた。富国強兵のために（②　　　　　　　）を行って官営工場を開き、徴兵令を出して軍隊をつくった。また、国の収入を安定させるため、新しい土地・税の制度として（③　　　　　　　）を行った。

地租改正　　廃藩置県　　殖産興業

(2) 文明開化によって、新橋—横浜間で初めて開通したものは何ですか。
（　　　　　　　　　　）

(3) 『学問のすゝめ』を書いた人物を、次の①〜④から選びましょう。
（　　　　　　　　　　）

① 西郷隆盛　　② 木戸孝允　　③ 福沢諭吉　　④ 大久保利通

ポイント 『学問のすゝめ』では、人は生まれながらに平等であること、一人一人の独立が国の独立につながること、そのためには学問が大切であることが書かれています。

きほんのドリル 22

ステップ **1**

 時間 **15**分

問／10問中

月　　　日

サクッと
こたえ
あわせ

答え **76**ページ

日本の歴史⑭　江戸から明治へ2
自由民権運動と国会開設

（　　　）にあてはまる言葉や数字を、右の▢に書きましょう。

◉ 江戸時代に武士の身分だった者は身分制度の改革によって
（　①　）となったが、明治政府の改革により収入を失い、各地
で反乱を起こした。鹿児島では、（　②　）を中心に（　①　）の
最大の反乱である（　③　）が起こったが、政府の軍隊によって
しずめられた。

◉ 明治政府のあり方に不満をもつ人々は、自分たちが政治に参加
するため（　④　）を開くことを求めた。この動きを（　⑤　）と
いい、各地に広がった。

◉ （　⑤　）のきっかけをつくった（　⑥　）は、政府が1890年に
（　④　）を開くことを約束すると、自由党を結成し政治参加の
準備を進めた。

◉ 明治政府の中心人物だった（　⑦　）は、ドイツの憲法を学んで
帰国し、内閣制度をつくって初代内閣総理大臣となった。

◉ 1889年に発布された
（　⑧　）は、（　⑨　）が
国民にあたえるという形
をとり、主権は（　⑨　）
にあった。🔲

> ### 大日本帝国憲法の一部（要旨）
>
> 第1条　大日本帝国は永久に同
> 　　　一の家系の天皇が治める。🔲
> 第5条　天皇は帝国議会の協力
> 　　　をえて法律をつくる。
> 第11条　天皇は陸海軍を指揮
> 　　　し、まとめる。

◉ 最初の衆議院議員選挙で
選挙権をもっていたのは
一定の額以上の税金を納めた（　⑩　）才以上の男子のみだった。

選挙権をもつのは当時の国民の約1.1%にすぎなかったよ！

①
②
③
④
⑤
⑥
⑦
⑧
⑨
⑩

43

きほんの
ドリル
22。
ステップ2
時間15分　合格80点　/100
月　日

サクッと
こたえ
あわせ
答え 76ページ

日本の歴史⑭　江戸から明治へ2
自由民権運動と国会開設

1 絵を見て、次の問いに答えましょう。　　　　　　　　50点（1つ10）

(1) 絵について述べた次の文中の①・②にあてはまる言葉
を書きましょう。

> この絵は、このころ各地に広まった
> (① 　　　　　　　　) の開設を求める
> (② 　　　　　　　　) の動きを取りしまるため、警
> 察官が演説を中止させようとしている様子である。

(2) このような演説が開かれるようになる前に、鹿児島で
起こった士族の反乱を何といいますか。また、その反乱
の中心人物を何といいますか。

反乱(　　　　　　　)　　　中心人物(　　　　　　　　　)

(3) (1)②の運動のきっかけをつくった、明治政府の指導者だった人物を何といいます
か。　　　　　　　　　　　　　　　　　　　　　　　(　　　　　　　　　)

2 大日本帝国憲法と帝国議会について述べた次の①〜⑤の文中にあてはまる言葉を、
あとの⑦〜⑦からそれぞれ選びましょう。　　　　　　50点（1つ10）

① (　　　　　　) は、ドイツの憲法を学び、帰国後は内閣制度をつくって初代内閣
総理大臣になった。

② 大日本帝国憲法では(　　　　　　) が主権をもち、軍隊を統率し、法律をつく
る権利をもつとされた。

③ 大日本帝国憲法では、国民は(　　　　　　) で言論や出版、集会、結社の自由を
もつとされた。

④ 帝国議会は(　　　　　　) と衆議院からなり、選挙で議員が選ばれるのは衆議院
だけだった。

⑤ 衆議院議員選挙の選挙権は、一定の税額を納めた(　　　　　　) のみに認められ
た。

⑦ 法律の範囲内　　⑦ 伊藤博文　　⑦ 天皇
⑦ 25才以上の男子　　⑦ 貴族院

ポイント　大日本帝国憲法は、皇帝の権限が強いドイツの憲法を参考につくられました。

1 次の①〜⑤の説明にあてはまる人物を、あとの⑦〜⑦からそれぞれ選びましょう。

25点（1つ5）

① 安土城下で楽市・楽座を行って商工業を発展させた。　（　　　）

② 明との貿易を行い、文化や芸術を保護した。　（　　　）

③ 大阪を拠点に天下を統一し、検地と刀狩を行った。　（　　　）

④ 銀閣や書院造のある東求堂を建てた。　（　　　）

⑤ 中国で学んだすみ絵（水墨画）を芸術として大成させた。　（　　　）

⑦ 足利義政　　⑦ 足利義満　　⑦ 雪舟

⑦ 織田信長　　⑦ 豊臣秀吉

2 次の問いに答えましょう。

25点（1つ5）

(1) 江戸幕府の政治について述べた次の文中の①・②にあてはまる言葉を書きましょう。

> 徳川家康が開いた江戸幕府は、3代将軍（①　　　　　　）のときに
> （②　　　　　　　）の制度を定めるなどして大名の支配を固め、安定した世の中
> をむかえた。

(2) 右の図は、江戸幕府が鎖国をしていたときの外国との交流を示したものです。図中の①・②にあてはまる言葉を　　から選びましょう。

①（　　　　　　）

②（　　　　　　）

琉球　　朝鮮

(3) 右の図のような交易が行われていた時期に、日本で学ばれていた西洋の学問を何といいますか。

（　　　　　　）

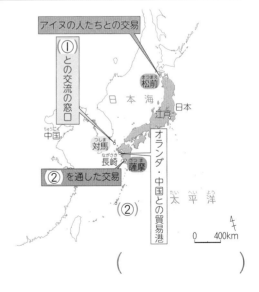

アイヌの人たちとの交易
（①　　　）との交流の窓口
松前
日本海
江戸
中国
対馬
長崎
薩摩
（②　）を通した交易
オランダ・中国との貿易港
太平洋
0　400km

↓裏のページに続くよ！

3 年表を見て、次の問いに答えましょう。　　　　　　　　25点（1つ5）

(1) 次の①～④は年表中の⑦の時期に起こったできごとです。起こった順に並べかえましょう。

① 徳川慶喜が政権を朝廷に返した。
② 幕府が日米和親条約を結んだ。
③ 明治新政府軍と旧幕府軍の戦いが始まった。
④ 日本が多くの国と貿易を始めた。

年	主なできごと
1853	ペリーが浦賀に来航する
	⇕ ⑦
1868	明治天皇の名で五箇条の御誓文が出される
1869	天皇が東京に移る ………… ⑦

（　　　→　　　→　　　→　　　）

(2) 年表中の⑦のあと、明治政府が行った次の①～④の改革と関わりの深い言葉を、あとの⑧～⑨からそれぞれ選びましょう。

① 収穫高に関係なく、決まった額の税を納めることとした。（　　　）
② 近代産業を発展させるため、官営工場をつくった。（　　　）
③ 20才になった男子は3年間軍隊に入ることを義務とした。（　　　）
④ 6才以上の男女は小学校に通うこととした。（　　　）

⑧ 殖産興業　　⑨ 徴兵令　　⑤ 地租改正　　⑨ 学制

4 資料を見て、次の問いに答えましょう。　　　　　　　　25点（1つ5）

(1) 右の大日本帝国憲法は、どの国の憲法を参考につくられたものですか。

（　　　　　　　　　）

(2) 資料中の①にあてはまる言葉を書きましょう。

（　　　　　　　　　）

> **大日本帝国憲法の一部**（要旨）
> ‥‥‥‥‥‥‥‥‥‥‥‥‥
> 第1条　大日本帝国は永久に同一の家系の（①　）が治める。
> 第5条　（①　）は帝国議会の協力をえて法律をつくる。
> 第11条　（①　）は陸海軍を指揮し、まとめる。

(3) 大日本帝国憲法が発布されるまでのできごとについて述べた次の文中の①～③にあてはまる言葉を書きましょう。

> 明治政府の改革に不満をもった士族が起こした（①　　　　　　）がしずめられると、武力による反乱は起こらなくなり、人々は言論で自分の考えを主張するようになった。板垣退助の主張をきっかけに、国会を開くことや憲法の制定を求める（②　　　　　　）が各地に広まった。1881年に政府は、1890年に国会を開くことを約束した。その間に明治政府は、（③　　　　　　）に外国の憲法について学ばせ、大日本帝国憲法を発布した。

きほんの
ドリル
24.

ステップ1

 時間 15分

問 ／ 8問中

月　　　日

サクッと
こたえ
あわせ

答え 77ページ

日本の歴史⑮　近代国家へのあゆみ1
条約改正と産業の発展

（　　　　）にあてはまる言葉を、右の□に書きましょう。

◉ 1886年にイギリス船
（　①　）が和歌山県沖でち
んぼつし、日本人乗客全員
がなくなった事件を
（　①　）事件❶という。
日本が（　②　）を認めてい
たためにイギリス人船長を
日本の法律で裁くことができず、軽いばつを受けただけだった。

↑❶ノルマントン号事件

◉（　①　）事件ののち、日本国内では（　②　）の撤廃など、条約
の（　③　）を求める声が高まった。

◉ 江戸幕府が結んだ日米（　④　）は、日本は（　②　）を認め、
（　⑤　）がないという不平等な内容であった。日本は同じ内容
の条約をイギリスやロシアなどとも結んでいた。

◉ 明治政府は、岩倉使節団を送るなどして、政府ができたころか
ら外国に条約の（　③　）を求めていたが、日本の近代化のおく
れなどを理由に諸外国に受け入れられずにいた。

◉ 日本では1880年代から1890年代に（　⑥　）業と紡績業を中
心とした軽工業が発展し、特に（　⑦　）の輸出は日本の重要な
産業になった。

◉ 外務大臣の（　⑧　）は、日本の産業の発展を背景に、イギリス
と交渉して1894年に（　②　）の撤廃に成功した。

①
②
③
④
⑤
⑥
⑦
⑧

イギリスは当時ロシアと対立していたから、日本の要求を
受け入れたんだ！

日本の歴史⑮ 近代国家へのあゆみ1
条約改正と産業の発展

1 資料を見て、次の問いに答えましょう。　　　　　50点（1つ10）

(1) 右の資料は、江戸幕府が1858年にアメリカと結んだ条約の内容の一部を要約したものです。この条約を何といいますか。

（　　　　　　　　　　）

> 第6条　日本人に対して罪をおかしたアメリカ人は、…(中略)…アメリカの法律で処罰する。日本人がアメリカ人に対して罪をおかした場合は、日本の役人が日本の法律で処罰する。

(2) (1)の条約で日本が認めさせられた、資料の条文に示されている、下線部の権利を何といいますか。

（　　　　　　）権

(3) 日本国内で(2)の撤廃を求める声が高まるきっかけとなった、1886年のイギリス船ちんぼつ事件を何といいますか。（　　　　　　　　　）

(4) (1)のような不平等条約の改正を求める明治政府が、1871年に欧米へと送った使節団を何といいますか。（　　　　　　　　）

(5) (2)の撤廃を実現させたときの外務大臣を、次の⑦～⊡から選びましょう。

（　　　　　　）

⑦　大久保利通　　④　伊藤博文　　⑦　陸奥宗光　　⊡　福沢諭吉

2 日本の産業の発展について述べた次の文中の①～⑤にあてはまる言葉を、　　から選びましょう。　　　　　50点（1つ10）

> 日本では1880年代から1890年代にかけて（①　　　　　　　）業や紡績業などの（②　　　　　　　）が急速に発展した。特に日本の（③　　　　　　　）は品質がよく、世界一の輸出量をほこるまでになった。（①）業や紡績業の工場では（④　　　　　　　）が工場に住みこみ、厳しい条件で長時間働いていた。このころ、（⑤　　　　　　　）が取り入れられたことから、24時間機械を動かし続ける工場もあった。

電灯　　製糸　　生糸　　軽工業　　女性

 製糸業とは、まゆから生糸（絹の糸）をつくり出す産業です。紡績業は綿から綿糸を紡ぎ出す産業です。

きほんの
ドリル
25.

ステップ① ⏱時間 15分 問／9問中

月　日

サクッと
こたえ
あわせ

答え 77ページ

日本の歴史⑯　近代国家へのあゆみ2
日清・日露戦争と社会の変化

（　　　）にあてはまる言葉を、右の□に書きましょう。

🐾（　①　）に勢力をのばした
かった日本と、（　①　）に
えいきょう力をもっていた
中国（清）🄯との間で、
1894年に（　②　）戦争が
始まった。

↑🄯朝鮮をめぐる日本、ロシア、
中国の関係をえがいた当時のまんが

🐾（　②　）戦争に勝利した日
本は、（　③　）を植民地とし、リャオトン半島など中国の領土
の一部を得た。

🐾日本が（　①　）や中国に勢力を広げることをけいかいした
（　④　）は、日本にリャオトン半島を中国へ返すよう求めた。

🐾1904年の日露戦争に勝利した日本は、樺太（サハリン）南部
と（　④　）が中国の（　⑤　）にもっていた鉄道を得た。また、
1910年には（　①　）を日本の領土とする（　⑥　）を行った。

🐾（　②　）戦争や日露戦争の勝利後、日本の国際社会での立場は
上がり、（　⑦　）が外務大臣のときに関税自主権を回復した。

🐾（　②　）戦争で得た賠償金で官営の（　⑧　）がつくられ、日本
の重工業が発達した。

🐾大正時代になると、人々の民主主義に対する意識が高まり、普
通選挙を求める運動によって25才以上のすべての男子に
（　⑨　）があたえられた。

朝鮮は1897年に大韓帝国（韓国）と国の名前を変えました。

①
②
③
④
⑤
⑥
⑦
⑧
⑨

日本の歴史⑯　近代国家へのあゆみ2

日清・日露戦争と社会の変化

① 年表を見て、次の問いに答えましょう。　　　　　　　　　50点（1つ10）

(1)　年表中の①の戦争に勝利した日本が得た
地域を、次の⑦～①から2つ選びましょう。

（　　・　　）

⑦　樺太（サハリン）南部

⑦　リャオトン半島

⑦　台湾

①　満州

年	主なできごと
1894	日清戦争が始まる ………①
1895	（②）・フランス・ドイツが日本に清へ領土を返すよう求める
1897	朝鮮が国号を大韓帝国とする
1904	日露戦争が始まる ………③
1910	日本が（④）を併合する

(2)　年表中の②にあてはまる国名を書きましょう。　　（　　　　　　）

(3)　年表中の③のときに、戦地にいる弟を思ううたをよみ、戦争反対の意思を示した
人物を、次の⑦～①から選びましょう。

（　　　　　　）

⑦　与謝野晶子　　⑦　津田梅子　　⑦　東郷平八郎　　①　夏目漱石

(4)　年表中の④にあてはまる国名を書きましょう。　　（　　　　　　）

② 次の①～⑤の人物と関わりの深いことがらを、右の⑦～⑦からそれぞれ選び、線
でつなぎましょう。　　　　　　　　　50点（1つ10）

①　小村寿太郎　●　　　　　　　　●⑦　女性の地位向上

②　北里柴三郎　●　　　　　　　　●⑦　関税自主権の回復

③　田中正造　●　　　　　　　　●⑦　足尾銅山鉱毒事件

④　平塚らいてう　●　　　　　　　　●①　黄熱病の研究

⑤　野口英世　●　　　　　　　　●⑦　破傷風の治療法発見

 ポイント｜日清・日露戦争後の日本は、産業の発達によって社会が変わり、女性の地位向上や、普通選挙を求める運動など、さまざまな社会運動が見られました。

冬休みの
ホームテスト

⏱時間 **20**分 | 合格 **80**点 | /100 | 月　日

サクッと
こたえ
あわせ

答え **77**ページ

26。 日本の歴史⑤〜⑯

⭐**1** 年表を見て、次の問いに答えましょう。　　　25点（1つ5）

(1) 年表中の①と②の人物は、天皇とのつながりを強めて朝廷で実権をにぎりました。どのようにして天皇とのつながりを強めましたか。簡単に書きましょう。

（　　　　　　　　　　　　　　　　　　　　　　　　　　　　）

年	主なできごと
11世紀	①藤原道長が政治の実権をにぎる
1167	②平清盛が太政大臣になる
1192	③源 頼朝が征夷大将軍になる
1268	④北条時宗が（ ⑤ ）となる

(2) 年表中の①の人物のころに日本で生まれた文化として正しいものを、次の⑦〜⊆から選びましょう。　（　　　　）

　⑦ 儒教　　⊘ 仏教　　⑦ 茶の湯　　⊆ かな文字

(3) 年表中の③の人物は御家人とどのような関係を結びましたか。次の（　　）に合うように書きましょう。

　　　（　　　　　　　　）と（　　　　　　　　）の関係

(4) 年表中の④の人物が政治の実権をにぎっていたころのできごとを、次の⑦〜⑦から選びましょう。　（　　　　）

　⑦ 朝廷との戦い　　⊘ 元軍との戦い　　⑦ 平氏との戦い

(5) 年表中の⑤にあてはまる役職名を書きましょう。　（　　　　　　）

⭐**2** 室町時代から戦国時代について述べた文として、正しいものには○を、まちがっているものには×をつけましょう。　　　25点（1つ5）

①（　　）足利義満は明との貿易を行い、観阿弥・世阿弥を保護した。
②（　　）室町幕府は足利義政のときに最もさかえた。
③（　　）織田信長は中国を支配するため、朝鮮に兵を送った。
④（　　）豊臣秀吉は安土城下で楽市・楽座を行って商工業を発展させた。
⑤（　　）豊臣秀吉が行った検地と刀狩によって身分の区別がはっきりした。

→裏のページに続くよ！　51

3 次の問いに答えましょう。 25点（1つ5）

(1) 次の①～④の江戸時代のできごとのうち、3代将軍徳川家光が行ったことを2つ
選びましょう。　　　　　　　　　　　　　　　（　　・　　）
　① 参勤交代の制度を定めた。　　　　② 政権を朝廷に返した。
　③ スペイン・ポルトガル船の来航を禁止した。　④ 日米和親条約を結んだ。

(2) 右のグラフは、江戸時代の身分ごとの人口の割合を示
したものです。グラフ中の⑦にあてはまる身分を書きま
しょう。　　　　　　　　　　　　　（　　　　　）

(3) グラフ中の⑦や町人は、明治時代には何とよばれまし
たか。　　　　　　　　　　　　　　（　　　　　）

公家・僧・神官、⑦・
町人とは別の身分と
された人々など

町人 —
武士 — 7 6 3
人口
約3200
万人
⑦ 84%

(4) 次の①～④の江戸時代のできごとを、起こった順番に
並べかえましょう。
　① ペリーが来航した。　　　　　② 江戸幕府が豊臣氏をほろぼした。
　③ 島原・天草で一揆が起こった。　④ 薩摩藩と長州藩が外国と戦った。
　　　　　　　　　　　（　　　→　　　→　　　→　　　）

4 絵を見て、次の問いに答えましょう。 25点（1つ5）

(1) ①～④の絵に関
わりの深いことが
らを、次の⑦～⑤
からそれぞれ選び
ましょう。
①（　　　　）
②（　　　　）
③（　　　　）
④（　　　　）

⑦ 日清戦争
① 領事裁判権
⑦ 殖産興業
⑤ 自由民権運動

①

②

③

④

(2) 大日本帝国憲法の制定に最も関わりの深い絵を①～④から選びましょう。
　　　　　　　　　　　　　　　　　　　　　（　　　　　）

きほんの
ドリル
27。
 ステップ1
 時間 15分
問／10問中
 月 日
サクッと
こたえ
あわせ
答え 78ページ

日本の歴史⑰　長く続いた戦争1
日中戦争から太平洋戦争へ

（　　　）にあてはまる言葉を、右の□に書きましょう。

◉（　①　）時代に入り、世界中が不景気になる中で、国内では日本が中国の（　②　）に勢力を広げれば国民の生活がよくなる、という考えが広まった。

◉日本軍は、1931年に中国軍を攻撃して（　②　）事変を起こし、（　②　）国をつくった。❶（　③　）がこれを取り消すよう日本に求めると、日本は（　③　）を脱退し、国際社会から孤立した。

↑❶満州国の位置と戦争の広がり
ソビエト連邦
満州国
ペキン
朝鮮
中国
ナンキン
シャンハイ
日本
台湾
0　　1000km
■1941年12月までの戦場
□日本軍が兵力を進めた地域

◉中国でさらに勢力を広げようとした日本軍は、1937年にペキン（北京）近くで中国軍と衝突して（　④　）が始まった。

◉1939年にヨーロッパで（　⑤　）がポーランドに侵攻し、（　⑥　）が始まった。

◉（　④　）中だった日本が（　⑤　）・イタリアと同盟を結び、石油などの資源を求めて（　⑦　）に進出すると、これを警戒した（　⑧　）やイギリスなどと対立した。

◉日本が1941年に（　⑨　）の真珠湾にある（　⑧　）軍の基地を攻撃したことをきっかけに（　⑩　）が始まった。

日中戦争のとき、アメリカは中国を支援していたよ。長引く戦争で石油などの資源が不足した日本は、資源を求めて東南アジアに進出し、アメリカと対立したんだ。

①

②

③

④

⑤

⑥

⑦

⑧

⑨

⑩

日本の歴史⑰　長く続いた戦争1
日中戦争から太平洋戦争へ

1 地図を見て、次の問いに答えましょう。　　　　　50点（1つ10）

(1) 日本軍が鉄道線路を自ら爆破し、これを中国軍のしわざとして中国を攻撃し始めたことを何といいますか。（　　　　　　　　）

(2) 図中の①は、日本軍が1932年に中国から切りはなして独立させた国家です。この国家を何といいますか。（　　　　　　　　）

(3) (1)や、(2)の成立を国際社会から批判された日本は、1933年にどのような行動をとりましたか。簡単に書きましょう。

（　　　　　　　　　　　　　　　　　　　　）

(4) (3)のあと、日本が同盟を結んだ国を2つ書きましょう。

（　　　　　・　　　　　）

ソビエト連邦　①　ペキン　朝鮮　日本　中国　ナンキン　シャンハイ　台湾　0　1000km

■ 1941年12月までの戦場
□ 日本軍が兵力を進めた地域

2 年表を見て、次の問いに答えましょう。　　　　　50点（1つ10）

(1) 年表中の①のきっかけとなった、日本軍と中国軍の衝突は、中国の何という都市の近くで起こりましたか。

（　　　　　　　　）

(2) 年表中の②は、どの国がどの国に侵攻したことをきっかけに起こりましたか。次の①・②にあてはまる言葉を書きましょう。

（①　　　　　　）が（②　　　　　　）に侵攻したことがきっかけ

(3) 年表中の③にあてはまる地域を書きましょう。（　　　　　　　　）

(4) 年表中の④のきっかけとなった、日本軍が攻撃した真珠湾はアメリカのどこにありますか。

（　　　　　　　　）

年	主なできごと
1937	日中戦争が始まる ………①
1939	第二次世界大戦が始まる‥②
1940	日本が資源を求めて（③）に進出する
1941	太平洋戦争が始まる………④

ポイント　日本が国際連盟を脱退したあと、ドイツ、イタリアも脱退しています。

きほんの
ドリル
28。

ステップ1

時間 15分

問／9問中

月　日

サクッと
こたえ
あわせ

答え 78ページ

日本の歴史⑱　長く続いた戦争2
戦争中の人々のくらし

（　　　）にあてはまる言葉や数字を、右の □ に書きましょう。

◉ 戦争が長引くと、さまざまな
法令によって人々の生活のす
べては戦争のために制限され
るようになり、米や衣類は
（　①　）制になった。

↑戦争への協力をよびかける看板

◉ 1944年になると、アメリカ軍の飛行機による（　②　）が激し
くなり、東京や大阪も焼け野原となった。

◉ 都市部の小学生は（　②　）をのがれるため、地方へ（　③　）し
た。

◉ 1945年4月、アメリカ軍が（　④　）島に上陸して激しい戦い
が行われた。

◉ 1945年（　⑤　）月（　⑥　）
日、広島に（　⑦　）が落とさ
れた。❶

◉ 1945年8月8日に（　⑧　）
軍が、日本が支配していた満
州に侵攻し、その後樺太南部
や千島列島にもせめこんだ。

↑❶原子爆弾投下後の広島

◉ 1945年8月（　⑨　）日、日本が降伏し、太平洋戦争が終結した。

①
②
③
④
⑤
⑥
⑦
⑧
⑨

戦争が長引くと、大学生も戦争に行かされたよ。

日本の歴史⑱　長く続いた戦争2
戦争中の人々のくらし

1 次の問いに答えましょう。　　　　　　　　　　　　　　50点（1つ10）

(1) 太平洋戦争中の人々のくらしについて、正しいものには〇を、まちがっているものには×をつけましょう。

①(　　　)戦争中はものが不足し、米や衣類などは国が管理して決まった量だけを配る配給制になった。

②(　　　)大人は戦争に関する仕事をしたが、子どもはそれまでと変わらない生活を送っていた。

③(　　　)若者は戦地に送られていたが、大学生は学問を優先したため、戦地に送られることはなかった。

(2) 太平洋戦争の終わりごろ、アメリカ軍が日本の各都市に爆弾を落としたことを何といいますか。　　　　　　　　　　　　　　　　　　（　　　　　　　　　）

(3) (2)をのがれるために都市部の小学生がまとまって親元をはなれ、地方へ避難したことを何といいますか。　　　　　　　　　（　　　　　　　　　）

2 地図を見て、次の問いに答えましょう。　　　　　　　50点（1つ10）

(1) 太平洋戦争が終わるころに原子爆弾が落とされた都市を、次の日付にあうように地図中の⑦〜⓪からそれぞれ選びましょう。
8月6日（　　　　　）
8月9日（　　　　　）

(2) 1945年4月にアメリカ軍が上陸して激しい戦いが行われた場所を、地図中の⑦〜⓪から選びましょう。
（　　　　　）

(3) たがいに戦わないという条約を結んでいたにもかかわらず、1945年8月に日本の支配地にせめこんだ国はどこですか。

（　　　　　　　　　）

(4) 日本が降伏して太平洋戦争が終わったのはいつですか。
（　　　年　　　月　　　日）

ポイント　日本はアメリカなどが出したポツダム宣言を受け入れて降伏しました。日本の降伏によって、日本の植民地だった台湾や朝鮮も日本による支配が終わりました。

きほんの
ドリル
29。

ステップ1

時間 15分

問／9問中

月　日

サクッと
こたえ
あわせ

答え 78ページ

日本の歴史⑲　新しい日本
戦後のあゆみ

（　　　）にあてはまる言葉を、右の□に書きましょう。

● 敗戦後の日本はアメリカなどの（　①　）によって占領された。
（　①　）は、日本の民主化を進めるため、軍隊を解散し、さま
ざまな改革について指令を出した。

● （　②　）平等の社会をつくるため、20才以上のすべての
（　②　）に選挙権が認められた。

● 1946年11月3日、（　③　）が公布され、翌年5月3日に施行
された。

● 第二次世界大戦後、世界の平和と安定を守るため、（　④　）が
つくられた。

● 戦後、アメリカとソ連の対立が深まり、1950年にアメリカが
支援する韓国とソ連が支援する北（　⑤　）との間で（　⑤　）戦
争が起こり、今も休戦状態が続いている。

● 1951年に日本は（　⑥　）に
調印して主権を回復した。❶
しかし、（　⑦　）はアメリカ
に占領されたままだった。

↑❶サンフランシスコ平和条約に調印
　している様子

● 1950年代なかごろから、急速に経済が発展する（　⑧　）をむ
かえた日本は、1964年に東京で（　⑨　）・パラリンピックが
開かれるほどに戦後の復興をとげた。

沖縄は1972年に日本に復帰しました。

①

②

③

④

⑤

⑥

⑦

⑧

⑨

時間 15分　合格 80点　/100

月　　日

サクッと
こたえ
あわせ

答え 78ページ

日本の歴史⑲　新しい日本
戦後のあゆみ

1 次の問いに答えましょう。　　　　　　　　　　　　50点（1つ10）

(1) 戦後日本の改革について、次の文中の①～④にあてはまる言葉を書きましょう。

> 戦後の日本は、アメリカを中心とする（①　　　　　　　　　）の占領（せんりょう）を受け、（①）
> の指令のもとで日本政府がさまざまな改革を行った。選挙制度改革のほか、義務
> 教育が9年となり、男女共学が定められた。また、1946年11月3日には
> （②　　　　　　　　　）が公布され、主権（しゅけん）は（③　　　　　　　　　）にあるという民主
> 主義にもとづく政治のあり方が示された。（①）による占領は、1951年の
> （④　　　　　　　　　）への調印で終わり、日本は主
> 権を回復した。

(2) 文中の下線部について、右のグラフは人口にしめる選（せん）
挙権（きょけん）をもつ人の割合（わりあい）の変化を示したものです。1946年
におおはばに割合が増えている理由を簡単（かんたん）に書きましょ
う。

（　　　　　　　　　　　　　　　　　　　　）

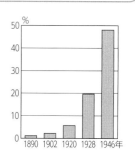

2 年表を見て、次の問いに答えましょう。　　　　　　　50点（1つ10）

(1) 年表中の①～③にあてはまる言葉を書き
ましょう。

①（　　　　　　　　　）
②（　　　　　　　　　）
③（　　　　　　　　　）

(2) 年表中の⑦の時期に見られた、急速な経
済の発展を何といいますか。

（　　　　　　　　　　　）

(3) 年表中の④のようなときに、自主的に支援（しえん）をする人々を何といいますか。

（　　　　　　　　　　　　　　　　　）

年	主なできごと
1956	日本が（①）に加盟
1964	東京で（②）が開催（かいさい）　⑦
1972	（③）が日本に復帰
1995	阪神（はんしん）・淡路（あわじ）大震災（だいしんさい）　④
2011	東日本大震災（ひがしにほんだいしんさい）

ポイント アメリカを中心とした国々と条約を結んで主権を回復したあと、日本は戦争で戦ったソ連や
中国（ちゅうごく）とも個別に条約を結んで国交回復を果たしました。

日本の歴史⑮〜⑲

時間 **20**分　合格 **80**点　／**100**　　月　　日

答え **78**ページ

1 年表を見て、次の問いに答えましょう。　　　　　　　　　　25点（1つ5）

(1) 年表中の①の時期に実現した条約改正の内容
と、実現させた外務大臣の組み合わせとして、
正しいものを次の⑦〜⊥から選びましょう。
（　　　　　　）

　⑦　小村寿太郎—関税自主権の回復
　⑦　小村寿太郎—領事裁判権の撤廃
　⑦　陸奥宗光—関税自主権の回復
　⊥　陸奥宗光—領事裁判権の撤廃

年	主なできごと
1886	ノルマントン号事件
	↕①
1894〜95	日清戦争 ……………… ②
1904〜05	日露戦争 ……………… ③
1914	第一次世界大戦が始まる

(2) 年表中の②で、日本と中国（清）が勢力を広げたいと考えていた国はどこですか。
（　　　　　　）

(3) 年表中の②に勝利して得た賠償金で建てられた官営の工場を何といいますか。
（　　　　　　）

(4) 年表中の③で勝利した日本はロシアから鉄道の権利を得ました。この鉄道が走る
中国東北部を何といいますか。　　　　　　　　　　　　（　　　　　　）

(5) 年表中の②・③に勝利した日本は、1910年に(2)の国を植民地にしました。これ
を何といいますか。　　　　　　　　　　　　　　　　　（　　　　　　）

2 グラフを見て、次の問いに答えましょう。　　　　　　　　25点（1つ5）

(1) グラフ中の①〜③にあてはまる品目を、次
の⑦〜⑦からそれぞれ選びましょう。
①（　　　　）　②（　　　　）
③（　　　　）

　⑦　綿糸　　⑦　生糸　　⑦　綿花

(2) (1)の⑦や⑦のような品目を工場で生産して
いたのは男性・女性のどちらですか。
（　　　　　　）

(3) (2)の人々の地位向上を目指す運動をしてい
た人物を、次の⑦〜⊥から選びましょう。
（　　　　　　）

　⑦　与謝野晶子　　⑦　平塚らいてう　　⑦　田中正造　　⊥　野口英世

輸出
1890年　　　　　　水産物┐　　米 2.3　　総額5660万円
① 24.5%　｜緑茶 10.7｜石炭 8.5｜6.4｜そのほか 47.6

1910年　　絹織物┐　　　綿織物 4.5　総額4億5843万円
① 28.4%　｜② 9.9｜7.2｜そのほか 46.1
└石炭 3.9

0　10　20　30　40　50　60　70　80　90 100%

輸入
　　　　　　　石油┐
1890年　毛織物┐　　③┐　綿織物　　総額8173万円
12.1%｜砂糖 10.3｜機械類 8.9｜8.2｜6.1｜5.1｜5.1｜そのほか 44.2

1910年　　鉄類┐　機械類┐　石油 3.1　総額4億6423万円
③ 34.0%　｜7.0｜5.1｜｜毛織物 2.7｜そのほか 42.4
綿織物 2.9┘　砂糖 2.8┘

0　10　20　30　40　50　60　70　80　90 100%

「日本貿易精覧」

↑日本の主な貿易品目の推移

↘ 裏のページに続くよ！　　**59**

3 次の問いに答えましょう。　25点（1つ5）

(1) 日中戦争と太平洋戦争について述べた次の①〜④の文にあてはまる言葉を、　　から選びましょう。

①日本は（　　　　　　　　　）を脱退して国際社会から孤立した。

②日本は中国から切りはなして（　　　　　　　　　　）をつくった。

③日本はアメリカとの対立を深め、ハワイの（　　　　　　　　　　）を攻撃した。

④日本は石油などの資源を求めて（　　　　　　　　　）に進出した。

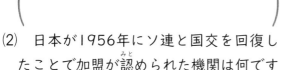

真珠湾　　国際連盟　　東南アジア　　満州国

(2) (1)の①〜④を起こった順に並べかえましょう。

（　　　　　→　　　　　→　　　　　→　　　　　）

4 次の問いに答えましょう。　25点（1つ5）

(1) 右の写真は、日本が主権を回復した条約が結ばれたときの様子です。この条約を何といいますか。

（　　　　　　　　　　　　　　　　）

(2) 日本が1956年にソ連と国交を回復したことで加盟が認められた機関は何ですか。
（　　　　　　　　　　）

(3) 戦後の世界について述べた文として、正しいものには○を、まちがっているものには×をつけましょう。

①（　　　）日本は1950年代なかばから高度経済成長とよばれる経済発展の時期に入り、1964年にはアジア初のオリンピックが開かれた。

②（　　　）第二次世界大戦後、世界はアメリカとソ連を中心に1つにまとまり、持続可能な社会の実現に向けて協力し合った。

③（　　　）阪神・淡路大震災や東日本大震災では、多くのボランティアが被災地を訪れ、たき出しやがれきの撤去などを行った。

世界の国々と日本①
さまざまな国とのつながり

（　）にあてはまる言葉を、右の□に書きましょう。

● 日本の主な貿易相手国は輸出、輸入ともに第1位が（ ① ）、第2位が（ ② ）である。

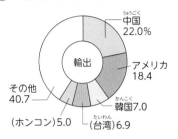

● 先住民族がくらしていた土地にヨーロッパの人々が移り住んでつくられた（ ② ）は、異なる文化をもったさまざまな国の人が集まる（ ③ ）社会である。

● （ ② ）ではコンピューターなどの情報通信技術の開発がさかんである。

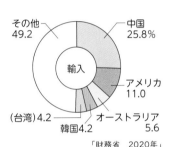

↑●日本の主な貿易相手国

● （ ① ）は、（ ④ ）が多く、かつては（ ④ ）の増加をおさえるために一人っ子政策をとっていた。

● 日本にはかつて（ ① ）から（ ⑤ ）がやってきて漢字や仏教を伝えるなど、古くから深い関わりがある。

● （ ① ）の伝統行事である（ ⑥ ）は、日本の正月にあたる。

● ブラジルには多くの（ ⑦ ）がくらしており、日本人街がある。

● ブラジルの（ ⑧ ）川流域には、世界最大の熱帯林がある。

| ① |
| ② |
| ③ |
| ④ |
| ⑤ |
| ⑥ |
| ⑦ |
| ⑧ |

今はインターネットの発達でグローバル化が進んでいるよ！国境をこえて人や物が移動して世界が一体化していくことをグローバル化というよ。

きほんの
ドリル
31。 ステップ2 時間 15分 合格 80点 /100 月 日

サクッと
こたえ
あわせ
答え 79ページ

世界の国々と日本①
さまざまな国とのつながり

1 グラフを見て、次の問いに答えましょう。　　　　50点（1つ10）

(1) 右のグラフ中の①・②にあてはまる国をそれぞれ書きましょう。
　①（　　　　　）
　②（　　　　　）

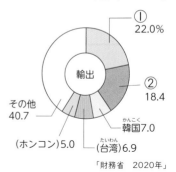

①22.0%
②18.4
韓国7.0
（台湾）6.9
（ホンコン）5.0
その他40.7
輸出
「財務省　2020年」
↑日本の主な輸出相手国

(2) 次のグラフは、日本のブラジルからの輸入品を示したものです。グラフ中の①～③にあたる品目を、あとの⑦～⑦からそれぞれ選びましょう。
　①（　　　）②（　　　）③（　　　）

(総額8000億円 2020年)

①38.2%　②15.1　③10.9　6.3　4.7　その他24.8
有機化合物　コーヒー
「日本国勢図会2021/22年版」

⑦　とうもろこし　　④　肉類　　⑦鉄鉱石

2 次の問いに答えましょう。　　　　50点（1つ10）

(1) アメリカ、中国、ブラジルについて述べた文として、正しいものには○を、まちがっているものには×をつけましょう。
　①（　　　）アメリカは世界で最も人口が多く、世界の経済の中心地の1つである。
　②（　　　）中国と日本のつながりは古く、中国から日本へは漢字や米づくりが伝えられた。
　③（　　　）ブラジルには日系人が多く、日本人街がつくられている。
　④（　　　）アメリカは、異なる文化をもった人たちがくらす多文化社会である。

(2) 次の①～③の写真のうち、ブラジルに最も関わりの深いものを選びましょう。
　　　　　　　　　　　　　　　　　　　　（　　　　　）

①　　　　　②　　　　　③

ポイント　わたしたちの身近には、アメリカで生まれたものがたくさんあります。コンビニエンスストアやパソコン、野球などもアメリカで生まれたものです。

32. 世界の国々と日本②
世界がかかえる問題と国際協力

ステップ1　時間 15分　問／9問中

答え 79ページ

（　　　）にあてはまる言葉を、右の□に書きましょう。

● 国家やある勢力が、宗教や民族、政治的、経済的理由から対立し、争うことを（　①　）といい、今も世界各地で起こっている。

● 1945年に発足した、世界の平和と安全を守るための機関を（　②　）といい、世界の193か国（2022年）が加盟している。

※主な紛争

ユーゴスラビア紛争（1991〜1999年）
シリア内戦（2011年〜）
イラク軍事行動（2003〜2011年）
アフガニスタン軍事行動（2001〜2021年）
パレスチナ紛争（1948年〜）
ソマリア内戦（1988年〜）

↑❶第二次世界大戦後の主な国際紛争

● 2015年の（　②　）の会議で、「（　③　）な開発目標」が定められた。これは英語の頭文字をとって（　④　）ともいわれる。

● （　②　）の機関の1つである（　⑤　）は、国連児童基金といい、子どもたちを助けるためのさまざまな活動をしている。

● 日本の（　⑥　）は、（　②　）の平和維持活動に参加し、国際協力を行っている。

● 世界がかかえる環境問題には、地球全体の温度が上がる地球（　⑦　）や、森林ばっさいなどで起こる（　⑧　）化、酸性雨など、さまざまなものがある。

● 政府から独立して国際協力を行っている民間の組織を（　⑨　）（非政府組織）という。

| ① |
| ② |
| ③ |
| ④ |
| ⑤ |
| ⑥ |
| ⑦ |
| ⑧ |
| ⑨ |

地球温暖化をくいとめるために、国際的な取り組みが行われているよ！

63

ステップ2
時間 15分　合格 80点　／100
月　　　日

サクッと
こたえ
あわせ
答え 79ページ

世界の国々と日本②
世界がかかえる問題と国際協力

1 次の問いに答えましょう。　50点（1つ10）

(1) 世界の平和と安全を守るため、第二次世界大戦後につくられた世界の193か国（2022年）が加盟している国際機関を何といいますか。

（　　　　　　　　　）

(2) 次の①・②は(1)の機関です。それぞれの活動として正しいものを、右の⑦・⑦から選び、線でつなぎましょう。

① ユニセフ●

●⑦ 紛争や飢えなど困難な状況から子どもたちを守るための活動をしている。

② ユネスコ●

●⑦ 科学・教育・文化に関わる取り組みを通して平和で安定した社会をつくる活動をしている。

(3) 日本の自衛隊も参加している、(1)が紛争を解決するために当事国で行うさまざまな活動を何といいますか。（　　　　　　　　　）

(4) 政府とは別に、国境をこえてさまざまな国際問題の解決のために活動している民間の組織を何といいますか。アルファベットで書きましょう。（　　　　　　　　　）

2 図を見て、次の問いに答えましょう。　50点（1つ10）

(1) 図は、2015年に定められた、2030年までに達成すべき目標の一部です。これらの目標を何といいますか。

（　　　　　　　　　）

(2) 地球の環境問題について述べた文として、正しいものには○を、まちがっているものには×をつけましょう。

①（　　）二酸化炭素の排出量削減は地球温暖化防止に役立つ。
②（　　）森林が減ると酸性雨が降る原因になる。
③（　　）プラスチックごみが海の生物を死なせてしまうことがある。
④（　　）地球温暖化が進むと、海にしずんでしまう地域がある。

ポイント　わたしたちの生活のあり方が、地球の環境に大きな影響をおよぼしています。ごみを正しく捨てるといった小さな取り組みが環境を守ることにつながります。

世界の国々と日本①〜②

1 次のグラフを見て、グラフから読み取れることとして、正しいものには○を、まちがっているものには×をつけましょう。　25点（1つ5）

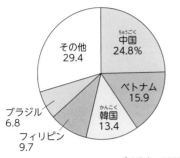

中国 24.8%
ベトナム 15.9
韓国 13.4
フィリピン 9.7
ブラジル 6.8
その他 29.4

「法務省 2022年」
↑日本に住む外国人の国別割合（わりあい）

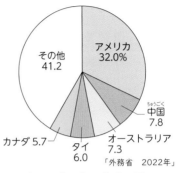

アメリカ 32.0%
中国 7.8
オーストラリア 7.3
タイ 6.0
カナダ 5.7
その他 41.2

「外務省 2022年」
↑日本人が多く住む海外の国

①（　　）日本に住む外国人は、アジアの国の人が半分以上をしめている。
②（　　）海外に住む日本人の多くは、アジアの国々に住んでいる。
③（　　）日本に住む外国人は、北半球の国から来た人だけである。
④（　　）海外に住む日本人の数が最も多い国はアメリカである。
⑤（　　）日本に住む外国人が最も多い国と、日本人が最も多く住む海外の国は同じである。

2 図を見て、次の問いに答えましょう。　25点（1つ5）

①　②　③

(1)　①〜③はどこの国の国旗ですか。それぞれ国名を書きましょう。
　　①（　　　　　　）　②（　　　　　　）　③（　　　　　　）
(2)　②の国の文化に関わるものを、次の⑦〜⑤から選びましょう。
　　　　　　　　　　　　　　　　　　　　　　　　　　（　　　　　）

　⑦　ハロウィン　　⑦　メジャーリーグ　　⑦　春節（しゅんせつ）　　⑤　サッカー

(3)　③の国の農業の特ちょうを、次の（　　　）にあてはまるように書きましょう。

　　農地が広大なため、大型の（　　　　　　　　）を使って大規模（きぼ）な生産をして
　いる。

↓裏のページに続くよ！　**65**

3 次の問いに答えましょう。　　　　　　　　　　　　　　　　25点（1つ5）

(1) 右の写真は、国際連合のある機関の支援によって予防接種を受けている子どもの様子です。このような支援を行っている機関を何といいますか。

（　　　　　　　　）

(2) 国際連合のような機関のほかに、政府が社会環境が不十分な国に資金や技術を提供する国際協力があります。このような国際協力を何といいますか。次の㋐〜㋒から選びましょう。　（　　　　　　　）

㋐ PKO　　㋑ NGO　　㋒ ODA

(3) 日本の(2)の1つとして活動している、教育や医療、農業などの技術を発展途上の国や地域で教える人々を何といいますか。　（　　　　　　　　　　）

(4) 国際連合が設立された目的の1つについて、次の文中の①・②にあてはまる言葉を書きましょう。

> 世界の（①　　　　　　　　　）と安全を守り、国と国との（②　　　　　　　　）を話し合いによって解決する。

4 写真を見て、次の問いに答えましょう。　　　　　　　　　　　　25点（1つ5）

(1) 右の写真は、地球がかかえる環境問題によって発生した現象です。それぞれの現象と関わりの深い環境問題を、次の㋐〜㋓から選びましょう。

①　　　　　　　　　　　②

①（　　　　　　）　②（　　　　　　）

㋐ 酸性雨　　㋑ 砂漠化　　㋒ 地球温暖化　　㋓ 海洋汚染

(2) 地球環境を守るために、世界の国々が行っている取り組みについて、次の文中の①〜③にあてはまる言葉を、あとの　　　から選びましょう。

> 2015年に国連本部で開かれたサミットでは、（①　　　　　　　　）な開発目標（SDGs）が採択された。これは、（②　　　　　　　　）のわたしたちの生活だけでなく、（③　　　　　　　　）の人々の豊かさも守れるように、環境を守りながら開発を進める社会を目指す目標である。

現在　　　未来　　　持続可能

わたしたちのくらしと政治①〜⑤ 日本の歴史①〜⑨

⭐1 図を見て、次の問いに答えましょう。　　　　　　　　25点（1つ5）

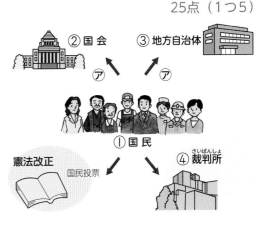

②国会　③地方自治体
⑦　⑦
①国民
憲法改正　国民投票
④裁判所

(1) 日本国憲法において、主権をもつのは図中の①〜④のうちどれですか。

（　　　）

(2) 国会だけができることについて、次の文中の（　）にあてはまる言葉を書きましょう。

> 国会は（　　　　　）をつくることができるただ1つの機関である。

(3) 国民が、政治を進める人に対して行う、図中の⑦は何ですか。漢字2字で書きましょう。

（　　　　　　　）

(4) 日本国憲法では、国民に3つの義務を定めています。「子どもに教育を受けさせる義務」のほかに、何がありますか。2つ書きましょう。

（　　　　　）義務・（　　　　　）義務

⭐2 縄文時代から奈良時代までのできごとについて述べた次の文中の（　　）にあてはまる言葉を、それぞれ書きましょう。　　　　　　25点（1つ5）

① 縄文時代の人々は（　　　　　　　）に住み、狩りや採集をしてくらしていた。

② 弥生時代になると、（　　　　　　　）づくりが生活の中心になり、人々の間に身分の差ができ、むらとむらとの争いも起こった。

③ 古墳の出土品から、5世紀には大王を中心とした（　　　　　　　）が九州地方から東北地方南部までを従えていたと考えられている。

④ 天皇中心の国づくりを目指した聖徳太子の政治は、中大兄皇子らが進めた（　　　　　　　）によって実現されていった。

⑤ （　　　　　　　）は仏教の力で国の平和を保とうと、国ごとに国分寺をつくらせ、都には大仏をつくらせた。

➡ 裏のページに続くよ！

(1) ①～④のカードで説明している人物を、右の㋐～㋓からそれぞれ選び、線でつなぎましょう。

① この人物は、検地と刀狩を行い、天下統一を果たしたあと、朝鮮に2度兵を送った。 ●

● ㋐ 藤原道長
〔ふじわらのみちなが〕

② この人物は、自分に従う御家人を守護や地頭に任命して全国に置くことで、支配を固めた。 ●

● ㋑ 豊臣秀吉
〔とよとみひでよし〕

③ この人物は、明との貿易を積極的に行い、芸術や文化を保護した。 ●

● ㋒ 源 頼朝
〔みなもとのよりとも〕

④ この人物は、自分のむすめを天皇のきさきにして力を強め、一族で朝廷の重要な地位を独占した。 ●

● ㋓ 足利義満
〔あしかがよしみつ〕

(2) ①～④のカードの人物を、時代の古い順に並べかえましょう。

(　　 → 　　 → 　　 → 　　)

4 絵や写真を見て、次の問いに答えましょう。 25点（1つ5）

(1) ①～④の絵や写真と関わりの深いことがらを、次の㋐～㋓からそれぞれ選びましょう。

①(　　)
②(　　)
③(　　)
④(　　)

㋐ 銀閣
〔ぎんかく〕
㋑ 遣唐使
〔けんとうし〕
㋒ 雪舟
〔せっしゅう〕
㋓ 『源氏物語』
〔げんじものがたり〕

①
（安→あ→あ　以→い→い　宇→う→う　衣→え→え　於→れ→お　阿→ア　伊→イ　宇→ウ　江→エ　於→オ）

②

③

④

(2) ①～④から同じ時代のものを2つ選びましょう。

(　・　)

時間 **20**分　合格 **80**点　/100

月　日

サクッと
こたえ
あわせ

答え **80**ページ

日本の歴史⑩〜⑲ 世界の国々と日本①〜②

⭐❶　年表を見て、次の問いに答えましょう。　　　　　　　25点（1つ5）

年	主なできごと
1603	江戸幕府の成立
	↕①
1637	島原・天草一揆が起こる
	↕②
1774	杉田玄白らがオランダ語の医学書をほん訳して『解体新書』をあらわす……………③
1853	ペリーが浦賀に来航する‥④

(1)　年表中の①の時期に定められた、大名を取りしまるためのきまりを何といいますか。

（　　　　　　　　　）

(2)　年表中の②の時期の江戸幕府の貿易について述べた文として、正しいものを次の⑦〜⑦から選びましょう。

（　　　　　　　　　）

　　⑦　東南アジアと積極的に貿易を行った。
　　⑦　長崎ではオランダと中国とのみ貿易を行った。
　　⑦　神戸の港を整備して、宋と貿易を行った。

(3)　年表中の③のような学問に対して、日本古来の考え方を研究しようという学問を何といいますか。（　　　　　　　　　）

(4)　年表中の④の翌年に幕府がアメリカと結んだ条約を何といいますか。また、その条約を結んだことで幕府のどのような政策が終わりましたか。

条約（　　　　　　　　　）　終わった政策（　　　　　　　　　）

⭐❷　明治時代のできごとについて述べた文として、正しいものには○を、まちがっているものには×をつけましょう。

25点（1つ5）

①（　　）明治政府は新しい政府の考えを全国に行きわたらせるために、地租改正を行った。

②（　　）自由民権運動のきっかけをつくった板垣退助は、初代内閣総理大臣になった。

③（　　）西郷隆盛が起こした西南戦争を最後に、士族の反乱はなくなり、政府への反発は言論によるものが中心となった。

④（　　）明治政府が諸外国に求めていた条約改正は、日清戦争の直前に外務大臣陸奥宗光の交渉によって領事裁判権の撤廃のみ実現した。

⑤（　　）日本の近代産業は、まず製鉄業などの重工業から発展し、そのあとに製糸業や紡績業などの軽工業が発達した。

↓裏のページに続くよ！　**69**

3 次の問いに答えましょう。　　　　　　　　　　　　　　25点（1つ5）

(1) 次の①～④は、明治時代から昭和時代にかけて、日本が行った戦争について述べたものです。それぞれの戦争の結果をあとの㋐～㋓からそれぞれ選びましょう。

① 朝鮮へ勢力を広げるために清と戦って勝利した。　　　　（　　　　）
② 満州に進出したロシアと対立し、戦って勝利した。　　　（　　　　）
③ 満州に勢力を広げたい日本の攻撃によって戦争となった。（　　　　）
④ 日本が東南アジアに進出したことでアメリカなどと戦争になった。

　　　　　　　　　　　　　　　　　　　　　　　　　　　　　（　　　　）

　㋐　日本は連合国軍の占領を受けた。
　㋑　台湾を植民地とし、リャオトン半島を獲得した。
　㋒　戦争が長期化し、資源が不足してアメリカなどと対立することになった。
　㋓　満州にある鉄道の権利と樺太の南部を手に入れた。

(2) ④の戦争ののち、日本国内で制定された憲法を何といいますか。

　　　　　　　　　　　　　　　　　　　　　　　（　　　　　　　　）

4 次の問いに答えましょう。　　　　　　　　　　　　　　25点（1つ5）

(1) 右のグラフ中の①～③には、次の㋐～㋒で説明した国が入ります。それぞれにあてはまる説明を選び、国名を書きましょう。

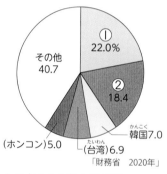

↑日本の主な輸出相手国
「財務省　2020年」

その他 40.7
① 22.0%
② 18.4
韓国 7.0
（台湾）6.9
（ホンコン）5.0

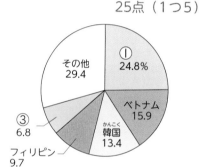

↑日本に住む外国人の国別割合
「法務省　2022年」

その他 29.4
① 24.8%
ベトナム 15.9
韓国 13.4
フィリピン 9.7
③ 6.8

①（　　　）国名（　　　　　　　）
②（　　　）国名（　　　　　　　）
③（　　　）国名（　　　　　　　）

　㋐　ジャズや野球など、この国の文化は世界中に広がっている。
　㋑　古くから日本とのつながりが深く、漢字や仏教など共通点も多い。
　㋒　かつて日本から多くの移民がわたったことから、日系人が多い。

(2) 近年問題となっている、地球全体の温度が高くなり、気候などにさまざまな影響をあたえている環境問題を何といいますか。　　　　（　　　　　　　）

(3) (2)のような環境問題や、人権問題など、世界の国々がかかえるさまざまな問題を解決するために立てられた、2030年までに達成するべきとされている目標を何といいますか。　　　　　　　　　　　　　　　　　（　　　　　　　）

●ドリルやテストが終わったら、うしろの「がんばり表」にシールをはりましょう。
●まちがえたら、かならずやり直しましょう。「考え方」もよみ直しましょう。

1. わたしたちのくらしと政治① 1~2ページ

ステップ1
①憲法　②1946　③5月3日
④基本的人権（きほんてきじんけん）　⑤平和主義　⑥主権
⑦選挙　⑧参政権　⑨天皇　⑩国事行為（こくじこうい）

ステップ2
❶ (1)①×　②○　③○
　　(2)①国事行為　②内閣（ないかく）
❷ (1)①平和主義　②国民主権
　　(2)①ア　②ウ　③イ

考え方 ❶ (1)①日本国憲法の公布は1946年11月3日です。
❷ (2)国民は①選挙によって議員を選びます。また、憲法の改正の際には②国民投票で自分の考えを表明します。

2. わたしたちのくらしと政治② 3~4ページ

ステップ1
①基本的人権　②平等　③教育　④働く
⑤税金　⑥9　⑦広島（ひろしま）　⑧もたない
⑨もちこませない　⑩非核三原則

ステップ2
❶ (1)基本的人権②・③　　国民の義務①・④
　　(2)ユニバーサルデザイン
❷ (1)①原子爆弾　②広島　(2)9
　　(3)自衛隊
　　(4)もたない、つくらない、もちこませない

考え方 ❶ (2)障がいのある人や高齢者（こうれいしゃ）にとっての生活のかべ（バリア）を取り除く（のぞ）ことはバリアフリーといいます。

3. わたしたちのくらしと政治③ 5~6ページ

ステップ1
①選挙　②税金　③国会　④衆議院
⑤内閣　⑥国務　⑦裁判所　⑧裁判員
⑨三権分立（さんけんぶんりつ）

ステップ2
❶ (1)①衆議院　②本会議
　　(2)①税金　②予算　③内閣
❷ (1)①選挙　②世論（せろん）
　　③内閣総理大臣（ないかくそうりだいじん）　④憲法（けんぽう）
　　(2)三権分立

考え方 ❶ (1)国会では衆議院、参議院の両方の院でそれぞれ話し合いを行います。予算案は衆議院で先に話し合いますが、法律案は参議院が先に話し合うこともあります。
❷ (1)裁判所は、法律や政治が憲法に違反（いはん）していないかどうかを調べる役割（やくわり）をになうことで、国会と内閣を監視（かんし）しています。

4. わたしたちのくらしと政治④ 7~8ページ

ステップ1
①市役所　②選挙　③議会　④条例
⑤子育て　⑥税金　⑦補助金（ほじょきん）　⑧消費税

ステップ2
❶ (1)①市議会　②予算　③市役所
　　(2)①○　②×
❷ (1)①税金　②補助金
　　(2)①○　②○　③×

考え方 ❷ (2)②予防接種のような、住民の健康を守る医療（いりょう）は、市（区町村）の仕事です。③法律をつくるのは国会の仕事です。

5. わたしたちのくらしと政治⑤

ステップ1
①災害対策本部　②避難　③国
④自衛隊　⑤電気　⑥復旧　⑦復興
⑧ボランティア

ステップ2
❶ ①東日本大震災　②災害対策本部
　　③避難所　④災害救助法　⑤自衛隊
❷ (1)復旧　(2)復興
　　(3)①市町村　②国　(4)ボランティア

考え方 ❷ (3)被災地の復旧・復興の際には、県や市町村が、国がつくった法律や予算にもとづいて住民の願いや要望をかなえるための具体的な取り組みを行います。

6. わたしたちのくらしと政治①〜⑤

❶ (1)①平和主義　②国民主権
　　③基本的人権の尊重
　　(2)①　(3)③
❷ (1)①平等　②学問　③健康　④裁判
　　(2)カ
❸ (1)①ウ　②イ　③ア
　　(2)内閣総理大臣
　　(3)(例)裁判のまちがいを防ぎ、人権を守るため。
❹ (1)①○　②○　③×
　　(2)①市役所　②（市）議会

考え方 ❶ (3)①②は内閣の仕事です。④は国民が最高裁判所の裁判官について、その人でよいかどうかを審査するものです。
❷ (2)国民の義務は、税を納めること、働くこと、子どもに教育を受けさせることの3つです。
❸ (3)裁判で出た判決に不服がある場合、上級の裁判所にうったえると、3回まで裁判を受けることができます。これを三審制といいます。3回行うことで、裁判のまちがいを防ぎます。それによって人権が守られるため、この両方を書くようにしましょう。
❹ (1)③国や県からの補助金も使っています。

おうちの方へ 古代日本の人々のくらしと、むらからくにができ、やがて天皇を中心とした政権が日本を治めるようになるまでを学びます。

7. 日本の歴史①

ステップ1
①縄文　②三内丸山　③たて穴住居
④米　⑤弥生　⑥吉野ヶ里　⑦堀
⑧豪族　⑨くに　⑩卑弥呼

ステップ2
❶ (1)①○　②○　③×　④○
　　(2)縄文時代
❷ (1)①むら　②豪族　③くに
　　(2)倭　(3)邪馬台国

考え方 ❶ (1)写真は青森県にある三内丸山遺跡で、縄文時代の遺跡です。③米を高床倉庫に保存していたのは、弥生時代です。

8. 日本の歴史②

ステップ1
①堺
②仁徳天皇陵古墳(大仙古墳)
③前方後円墳　④はにわ
⑤大和朝廷（大和政権）　⑥大王
⑦九州　⑧渡来人　⑨漢字

ステップ2
❶ (1)仁徳天皇陵古墳（大仙古墳）　(2)イ
　　(3)①墓　②はにわ　③近畿
❷ (1)渡来人　(2)イ
　　(3)①×　②○　③○

考え方 ❶ (2)仁徳天皇陵古墳は大阪府堺市にあります。図中のアは埼玉県の稲荷山古墳、ウは熊本県の江田船山古墳です。この2つの古墳から、5世紀後半の同じ大王の名前が刻まれた鉄剣と鉄刀が出土したことから、このころの大和朝廷の勢力範囲がわかりました。
❷ (2)イの土偶は縄文時代につくられた土製の人形です。

🙂 9. 日本の歴史③ 17~18ページ

ステップ1

①天皇　　②聖徳太子　　③小野妹子

④冠位十二階　　⑤十七条の憲法

⑥法隆寺　　⑦中大兄皇子　　⑧大化の改新

⑨律令　　⑩稲

ステップ2

❶ (1)十七条の憲法　　(2)(例)天皇中心の政治。

　(3)①ウ　　②ア　　③イ

❷ (1)①蘇我氏　　②中臣鎌足　　③人民

　　④貴族

　(2)律令

考え方 ❶ (2)資料の第3条には、「天皇の命令には必ず従いなさい。」とあることから、天皇を中心とした政治を目指していたことがわかります。

(3)②聖徳太子は、中国の進んだ文化や制度を学ばせるために、小野妹子らを隋に送りました。これを遣隋使といいます。遣隋使とともに中国にわたった留学生や僧は、帰国後、大化の改新における改革で大きな役割を果たしました。

❷ (1)蘇我氏は有力な豪族で、聖徳太子の時代にはともに天皇を中心とする政治を目指していましたが、聖徳太子の死後、天皇をしのぐほどの力をもつようになりました。そのため、天皇の子だった中大兄皇子は、中臣鎌足とともに蘇我氏をたおして、改めて天皇を中心とした国づくりを進めました。

🙂 10. 日本の歴史④ 19~20ページ

ステップ1

①平城京　　②聖武天皇　　③国分寺

④東大寺　　⑤大仏　　⑥行基　　⑦遣唐使

⑧正倉院　　⑨鑑真　　⑩唐招提寺

ステップ2

❶ (1)①平城京　　②国分寺　　(2)奈良県

　(3)行基　　(4)仏教

❷ (1)①○　　②×　　③○

　(2)鑑真　　(3)唐招提寺

考え方 ❶ (4)国分寺という寺を建てさせたり、大仏をつくらせたりしたということから、聖武天皇が仏教を重視していたことがわかります。

❷ (1)②正倉院には、西アジアから伝わったとされる品が納められていますが、これらはシルクロードを通って中国に伝わったものを、遣唐使が持ち帰ったといわれています。

🙂 11. わたしたちのくらしと政治①~⑤ 日本の歴史①~④ 21~22ページ

❶ (1)①政治　　②税金　　(2)非核三原則

　(3)①健康　　②文化的

❷ (1)①国会　　②内閣

　(2)③ア　　④ウ　　⑤イ

❸ (1)①―ウ　　②―イ　　③―ア

　(2)①前方後円墳　　②ア

❹ (1)②　　(2)大化の改新

　(3)①×　　②○　　③○

考え方 ❶ (1)国民主権は、国の政治のあり方を決める権利を国民がもつ、という原則です。国民全員で話し合いをすることはできないので、国の政治は国民の代表者である国会議員によって行われます。国民は選挙で自分の考えに近い国会議員を選ぶことによって政治に参加しています。

❷ (2)内閣の長である内閣総理大臣は、国民の代表者が集まる国会が指名します。また、国会は内閣の政治の方針が適切ではないと判断した場合に不信任決議を出すことができます。一方で、内閣は衆議院を解散する権利をもちます。また、裁判所は国会がつくる法律や内閣の政治が憲法に違反していないかを判断する権利をもちます。このように3つの機関がおたがいの仕事を確認し合うことで、権力の集中を防いでいます。

❸ (2)②イ・ウは弥生時代の様子です。

❹ (1)遣隋使、遣唐使は、中国の進んだ文化や政治制度を学ぶために送られました。

(3)①は聖徳太子について述べた文です。

12. 日本の歴史⑤

ステップ1
①平安京　②貴族　③寝殿造（しんでんづくり）　④行事
⑤藤原　⑥（藤原）道長（みちなが）　⑦かな文字
⑧紫式部（むらさきしきぶ）　⑨枕草子

ステップ2
❶ (1)藤原道長　(2)寝殿造
　　(3)①○　②○　③×
❷ (1)大和絵（やまとえ）　(2)紫式部　(3)清少納言
　　(4)かな文字　(5)①

考え方 ❶ (1)資料の歌は、「この世はまるでわたしの世のようだ。もち月（満月）が欠けていないように、わたしの望みでかなわないものはない」という意味の歌で、藤原道長の力がいかに大きかったかを表しています。
(3)③兵士として都や九州の守りを固めることは、奈良時代の農民に課せられた役割です。
❷ (5)1年を通して決まった時期に行われる行事を年中行事といいます。①〜④はすべて平安時代に行われていた年中行事で、今に伝わるものですが、七五三は11月、端午の節句は5月、七草粥は1月の行事です。

13. 日本の歴史⑥

ステップ1
①武士　②武芸　③源氏　④平清盛
⑤平治（へいじ）　⑥太政大臣（だいじょうだいじん）　⑦宋（そう）　⑧源頼朝
⑨壇ノ浦（だんのうら）　⑩征夷大将軍（せいいたいしょうぐん）

ステップ2
❶ (1)①×　②○　③○
　　(2)①太政大臣　②宋
❷ (1)①ア　②ウ　③イ
　　(2)あ　(3)征夷大将軍

考え方 ❶ (1)①は平安時代の貴族の様子です。武士は、農村で農民に米を作らせて年貢（ねん）として納（おさ）めさせていました。
❷ (1)①は鎌倉（かまくら）、②は壇ノ浦、③は京都（きょうと）について説明しています。

14. 日本の歴史⑦

ステップ1
①鎌倉幕府　②御家人　③ご恩　④奉公
⑤執権（しっけん）　⑥北条政子（ほうじょうまさこ）　⑦元　⑧北条時宗（ほうじょうときむね）
⑨九州（きゅうしゅう）　⑩てつはう

ステップ2
❶ (1)①領地　②ご恩　③奉公
　　(2)北条政子　(3)執権
❷ (1)元　(2)北条時宗
　　(3)①○　②×　③×

考え方 ❶ (1)幕府（将軍）が御家人に領地の所有を認めたり、新たな領地をあたえたりすることをご恩、御家人が幕府のために戦うことを奉公といいます。奉公には、鎌倉や京都（きょうと）を守る役目もありました。
(2)1221年に朝廷が鎌倉幕府をたおそうとしたできごとを承久（じょうきゅう）の乱（らん）といいます。
❷ (3)②元軍は九州北部にせめてきました。九州には、元軍との戦いに備えてつくられた防塁（ぼうるい）が残っています。③元との戦いの後、十分な領地をあたえられなかった御家人たちは、幕府に不満をもつようになりました。

15. 日本の歴史①〜⑦

❶ (1)①ウ　②ア　③イ　(2)③　(3)②
❷ (1)①イ　②ウ　③ア　(2)平城京（へいじょうきょう）
　　(3)ア
❸ (1)寝殿造（しんでんづくり）
　　(2)①平安　②藤原道長
　　　③かな文字　④『源氏物語』
❹ (1)イ　(2)征夷大将軍（せいいたいしょうぐん）　(3)ご恩（おん）と奉公（ほうこう）
　　(4)ウ　(5)ア

考え方 ❶ (1)地図中の①は縄文（じょうもん）時代、②は古墳（こふん）時代、③は弥生（やよい）時代の遺跡です。
(3)仏教や土木技術は古墳時代に渡来人（とらいじん）が伝えました。
❷ (3)イは聖徳太子、ウは中大兄皇子の政治です。
❹ (4)ア源義経は壇ノ浦で平氏をほろぼした人物、エ北条政子は源頼朝の妻です。

16. 日本の歴史⑧

ステップ1
①室町　②足利義満　③金閣　④能
⑤世阿弥　⑥明　⑦足利義政　⑧銀閣
⑨書院造　⑩雪舟

ステップ2
❶ (1)①京都　②足利義満　③観阿弥
　　(2)あ　(3)狂言
❷ (1)雪舟　(2)書院造
　　(3)①×　②○　③○

考え方 ❶ (2)隋は聖徳太子がかつやくした
ころ、唐は飛鳥時代から平安時代、元は鎌
倉時代のころの中国の国名です。
❷ (3)①②足利義政が建てたのは銀閣で、銀
閣のすぐそばにある東求堂は書院造でつく
られています。③生け花は、かけ軸と同じ
く書院造の床の間をかざるためにさかんに
なりました。

17. 日本の歴史⑨

ステップ1
①戦国大名　②鉄砲
③フランシスコ・ザビエル　④織田信長
⑤長篠　⑥安土　⑦楽市・楽座
⑧豊臣秀吉　⑨検地　⑩刀狩

ステップ2
❶ (1)①鉄砲　②キリスト教　③桶狭間
　　　④長篠
　　(2)(例)だれでも自由に商売ができるように
　　　なった。
❷ (1)検地　(2)(例)身分の区別
　　(3)①×　②○　③×

考え方 ❶ (2)それまで行われていた、商売
を独占して行うことを禁止して、だれでも
自由に商売ができるようにしました。
❷ (2)検地と刀狩によって、農村に住み武器
をもたない百姓と、城下町に住み武器をも
つ武士という身分の区別がはっきりし、武
士が支配する世の中になりました。
(3)①と③は織田信長についての説明です。

18. 日本の歴史⑩

ステップ1
①徳川家康　②関ヶ原　③譜代　④外様
⑤豊臣　⑥武家諸法度　⑦徳川家光
⑧参勤交代　⑨江戸　⑩費用

ステップ2
❶ (1)①親藩　②譜代　③外様
　　(2)(例)江戸から遠くはなれた場所。
　　(3)関ヶ原の戦い
❷ (1)武家諸法度　(2)徳川家光
　　(3)①江戸　②子ども　③費用

考え方 ❶ (2)図では、③の大名は九州や東
北に多く置かれています。③は関ヶ原の戦
いよりあとに家来となった外様大名で、幕
府に反発したときのことを考えて、江戸か
ら遠くはなれた場所に置かれました。
❷ (3)参勤交代にかかる費用はばく大だった
ため、幕府はそれらを大名に負担させるこ
とで、大名にお金をたくわえさせないよう
にしました。

19. 日本の歴史⑪

ステップ1
①武士　②五人組　③東南アジア
④日本町　⑤キリスト　⑥島原
⑦オランダ　⑧鎖国　⑨琉球（王国）

ステップ2
❶ ①武士　②百姓　③五人組
　　④年貢　⑤刀
❷ (1)①絵踏み　②キリスト教
　　(2)島原・天草一揆　(3)イ・ウ

考え方 ❶ 江戸時代の社会は身分によって
住む場所や仕事を決められ、その身分は親
から子へと引きつがれていきました。
❷ (1)絵はキリストなどの像がえがかれた板
を踏ませて、キリスト教徒ではないことを
確かめている様子です。
(3)⑦ポルトガルやスペインとの貿易は禁止
されました。エ東南アジアとの貿易がさか
んだったのは、江戸時代の初めのころです。

20. 日本の歴史⑫

39~40ページ

ステップ1

①町人　　②歌舞伎　　③浮世絵
④歌川広重　　⑤蘭学　　⑥杉田玄白
⑦解体新書　　⑧国学　　⑨本居宣長
⑩一揆

ステップ2

❶(1)浮世絵
　(2)(例)版画として大量に刷られたから。
　(3)ウ　　(4)町人　　(5)大阪
❷①─ウ　　②─エ　　③─ア
　④─イ　　⑤─オ

考え方 ❶ (1)(2)浮世絵とは、世の中（浮き世）のことを題材にした絵のことです。版画として大量に刷られたことで安く売られるようになり、人々の間に広まりました。
(3)⑦は人形浄瑠璃や歌舞伎の脚本をかいた人物、⑦は「富嶽三十六景」をえがいた人物、⑤は室町時代にすみ絵（水墨画）を大成させた人物です。

21. 日本の歴史⑬

41~42ページ

ステップ1

①ペリー　　②日米和親条約　　③薩摩藩
④徳川慶喜　　⑤五箇条の御誓文
⑥廃藩置県　　⑦富国強兵
⑧殖産興業　　⑨文明開化

ステップ2

❶(1)①開国　　②貿易　　(2)あ・え
　(3)五箇条の御誓文
❷(1)①廃藩置県　②殖産興業　③地租改正
　(2)鉄道　　(3)③

考え方 ❶ (2)⑥対馬藩は江戸時代に朝鮮との貿易の窓口となった藩です。⑨松前藩は江戸時代にアイヌの人々との交易を行っていた藩です。
❷ (1)明治政府が行ったさまざまな改革を明治維新といいます。廃藩置県などのほかに、徴兵令や学制を出しました。

22. 日本の歴史⑭

43~44ページ

ステップ1

①士族　　②西郷隆盛　　③西南戦争
④国会　　⑤自由民権運動　　⑥板垣退助
⑦伊藤博文　　⑧大日本帝国憲法　　⑨天皇
⑩25

ステップ2

❶(1)①国会　　②自由民権運動
　(2)反乱：西南戦争　　中心人物：西郷隆盛
　(3)板垣退助
❷①イ　　②ウ　　③ア　　④オ　　⑤エ

考え方 ❶ (2)西郷隆盛を中心とした西南戦争は、最大にして最後の士族の反乱で、徴兵令で集められた政府の軍隊によってしずめられました。これ以降、政府への反発などは言論で行われるようになりました。
(3)板垣退助が、一部の人が動かす明治政府を批判し、議会（国会）を開いて国民の意見を聞いて政治をすべきだと主張したことから、自由民権運動が広まりました。

23. 日本の歴史⑧～⑭

45~46ページ

❶①エ　　②イ　　③オ　　④ア　　⑤ウ
❷(1)①徳川家光　　②参勤交代
　(2)①朝鮮　　②琉球
　(3)蘭学
❸(1)②→④→①→③　　（完答）
　(2)①う　　②あ　　③い　　④え
❹(1)ドイツ　　(2)天皇
　(3)①西南戦争　　②自由民権運動
　③伊藤博文

考え方 ❷ (2)鎖国中も江戸幕府はオランダ・中国のほかに朝鮮・琉球・アイヌの人々と交易を行っていました。
❸ (1)日本は日米和親条約で開国し、日米修好通商条約で貿易を始めました。国内が混乱して新しい政治をつくろうとする動きが高まり、徳川慶喜が政権を返したのち、明治新政府軍と旧幕府軍が戦いました。

ステップ①

①ノルマントン号 ②領事裁判権

③改正 ④修好通商条約

⑤関税自主権 ⑥製糸 ⑦生糸

⑧陸奥宗光

ステップ②

❶ (1)日米修好通商条約 (2)領事裁判

(3)ノルマントン号事件 (4)岩倉使節団

(5)ウ

❷ ①製糸 ②軽工業 ③生糸 ④女性

⑤電灯

考え方 ❶ (4)不平等条約の改正が必要だと考えた明治政府は、その準備のためや、欧米の文化や産業、政治のしくみを学ぶために1871年に岩倉使節団を欧米に送りました。(5)アは薩摩藩出身で、さまざまな改革を進めた明治政府の中心人物、イは初代内閣総理大臣で大日本帝国憲法作成の中心となった人物、エは『学問のすゝめ』を書いた人物です。

❷ 生糸は江戸時代末期から日本の主な輸出品でした。明治政府によって官営の富岡製糸場がつくられると、機械による製糸業は日本の近代産業として大きく発展しました。また、綿糸も1880年代に大規模な紡績工場がつくられたのをきっかけに、重要な輸出品となりました。産業が発展する一方で、工場で長時間働かされる労働者の問題などが発生しました。

ステップ①

①朝鮮 ②日清 ③台湾 ④ロシア

⑤満州 ⑥韓国併合 ⑦小村寿太郎

⑧八幡製鉄所 ⑨選挙権

ステップ②

❶ (1)イ・ウ (2)ロシア (3)ア

(4)朝鮮（韓国）

❷ ①—イ ②—オ ③—ウ

④—ア ⑤—エ

考え方 ❶ (3)ア与謝野晶子は日露戦争で戦地にいる弟を思って「君死にたまふことなかれ」という詩を雑誌に発表しました。イは岩倉使節団に同行し、帰国後、女子教育に力をつくした人物です。ウは日露戦争の日本海海戦でロシア艦隊を破った人物です。エは明治から大正にかけてかつやくした小説家です。

❷ ③産業の発達にともない、公害問題が発生するようになりました。栃木県の足尾銅山では、工場から出るけむりや、排水によって地域の農作物などに被害がでました。栃木県出身の衆議院議員の田中正造は、解決のために行動しました。

⭐ (1)(例)むすめを天皇のきさきにした。

(2)エ (3)ご恩(と)奉公(の関係) （完答）

(4)イ (5)執権

⭐ ①〇 ②× ③× ④× ⑤〇

⭐ (1)①・③ (2)百姓 (3)平民

(4)②→③→①→④ （完答）

⭐ (1)①ウ ②イ ③エ ④ア

(2)③

考え方 ⭐ (1)藤原氏と平氏はともに自分のむすめを天皇のきさきにして、その子を天皇の位につけることで、朝廷で力をもちました。

⭐ ②室町幕府が最もさかえたのは、3代将軍足利義満のときです。③朝鮮に兵を送ったのは豊臣秀吉です。④楽市・楽座の政策を行ったのは織田信長です。

⭐ (4)①は1853年、②は1615年、③は1637~1638年、④は1863年のできごとです。

⭐ (1)①は富岡製糸場、②はノルマントン号事件、③は自由民権運動のときに広まった演説会の様子、④は日清戦争前の日本・中国・ロシアの関係を表した当時のまんがです。

27。日本の歴史⑰ 53~54ページ

ステップ1

①昭和(しょうわ)　②満州　③国際連盟
④日中戦争　⑤ドイツ　⑥第二次世界大戦
⑦東南アジア　⑧アメリカ　⑨ハワイ
⑩太平洋戦争

ステップ2

❶ (1)満州事変　(2)満州国
(3)(例)国際連盟を脱退した。
(4)ドイツ・イタリア

❷ (1)ペキン（北京）
(2)①ドイツ　②ポーランド
(3)東南アジア　(4)ハワイ

考え方 ❶ (1)満州は中国東北部の地域です。日本は、日露戦争に勝利し、ロシアが満州にもっていた鉄道の権利(けんり)などを獲得(かくとく)しました。その鉄道を管理する目的で満州にいた日本軍が、満州に勢力を広げるために起こしたのが満州事変です。
(3)満州事変後、中国はこれを日本の侵攻であるとして国際連盟にうったえました。国際連盟は調査の結果、日本軍の引き上げを求めました。これに反発した日本は、国際連盟を脱退しました。

28。日本の歴史⑱ 55~56ページ

ステップ1

①配給　②空襲(くうしゅう)　③集団疎開(そかい)　④沖縄(おきなわ)
⑤8　⑥6　⑦原子爆弾（原爆）
⑧ソ連（ソビエト連邦(れんぽう)）　⑨15

ステップ2

❶ (1)①○　②×　③×
(2)空襲　(3)集団疎開

❷ (1)8月6日：㋑　8月9日：㋒
(2)㋓　(3)ソ連（ソビエト連邦）
(4)1945(年)8(月)15(日)

考え方 ❶ (1)②子どもも学校で戦争の訓練を行い、③大学生も戦地に送られました。
❷ 地図中の㋐は東京、㋑は広島、㋒は長崎(ながさき)、㋓は沖縄です。

29。日本の歴史⑲ 57~58ページ

ステップ1

①連合国軍　②男女　③日本国憲法(けんぽう)
④国際連合　⑤朝鮮(ちょうせん)
⑥サンフランシスコ平和条約　⑦沖縄
⑧高度経済成長　⑨オリンピック

ステップ2

❶ (1)①連合国軍　②日本国憲法　③国民
④サンフランシスコ平和条約
(2)(例)女性に選挙権が認められたから。

❷ (1)①国際連合
②オリンピック（・パラリンピック）
③沖縄
(2)高度経済成長　(3)ボランティア

考え方 ❶ (2)選挙権は、かつては一定の税金を納(おさ)める男子のみに認められたものでしたが、1925年の普通選挙法で財産制限がなくなり、25才以上のすべての男子に選挙権が認められました。戦後の民主化で女性にも選挙権が認められたことで、選挙権をもつ人の数は一気に増えました。

30。日本の歴史⑮～⑲ 59~60ページ

❶ (1)㋓　(2)朝鮮(ちょうせん)　(3)八幡(やはた)製鉄所
(4)満州　(5)韓国併合(かんこくへいごう)

❷ (1)①㋑　②㋐　③㋒　(2)女性
(3)㋑

❸ (1)①国際連盟　②満州国　③真珠湾
④東南アジア
(2)②→①→④→③（完答）

❹ (1)サンフランシスコ平和条約
(2)国際連合
(3)①○　②×　③○

考え方 ❷ (1)生糸は古くから輸出品の重要な地位をしめていました。綿糸をつくる紡績業は1880年代から急速に発展し、1910年には原料である綿花が輸入品の第1位となっています。
❹ (3)②戦後の世界はアメリカとソ連の対立が深まり、世界は2つに分断されていました。

31. 世界の国々と日本①

61~62ページ

ステップ1

①中国　　②アメリカ　　③多文化
④人口　　⑤渡来人（とらいじん）　　⑥春節（しゅんせつ）
⑦日系人　　⑧アマゾン

ステップ2

❶ (1)①中国　　②アメリカ
　　(2)①ウ　　②ア　　③イ
❷ (1)①×　　②○　　③○　　④○
　　(2)①

考え方 ❶ (1)日本の貿易相手国第1位は輸入・輸出ともに中国です。（2020年時点）
❷ (1)①世界で最も人口が多いのは、2022年までは中国でした。2023年の調査では、これまで第2位だったインドが、世界1位になっています。
(2)①ブラジルのアマゾン川、②中国の春節の様子、③アメリカで生まれたハンバーガー店の写真です。

32. 世界の国々と日本②

63~64ページ

ステップ1

①紛争　　②国際連合　　③持続可能
④SDGs　　⑤ユニセフ　　⑥自衛隊
⑦温暖化　　⑧砂漠（さばく）　　⑨NGO

ステップ2

❶ (1)国際連合　　(2)①—ア　　②—イ
　　(3)国連平和維持活動（PKO）　　(4)NGO
❷ (1)持続可能な開発目標（SDGs）
　　(2)①○　　②×　　③○　　④○

考え方 ❶ (2)①ユニセフは国連児童基金のことで、子どもたちへの給食支援（しえん）や薬、ワクチン接種（いりょう）など医療支援を行っています。
②ユネスコは国連教育科学文化機関といいます。世界遺産（いさん）の登録や保護もユネスコが行っています。

---

2. (2)①④

(2)①④地球温暖化は、大気中にある二酸化炭素などの温室効果ガスの量が増えすぎて、地球全体の温度が上がることです。二酸化炭素の量を増やさないことが、地球温暖化をおさえるためには重要です。また、地球全体の気温が上がると、氷河などがとけて海面が今よりも高くなるため、海にしずんでしまう地域がでてきます。②酸性雨の原因は大気汚染（おせん）です。酸性の雨が降り、木などをからします。③プラスチックごみをエサと間違えて食べてしまったり、プラスチックごみが体にまきついて動けなくなったりして、死んでしまうことがあります。

33. 世界の国々と日本①～②

65~66ページ

❶ ①○　　②×　　③×　　④○　　⑤×
❷ (1)①ブラジル　　②中国　　③アメリカ
　　(2)ウ　　(3)機械
❸ (1)ユニセフ（国連児童基金）　　(2)ウ
　　(3)青年海外協力隊　　(4)①平和　　②争い
❹ (1)①ウ　　②ア
　　(2)①持続可能　　②現在　　③未来

考え方 ❶ ①グラフでは、上位4か国がアジアの国です。中国、ベトナム、韓国（かんこく）、フィリピンを合計すると63.8%になります。②日本人が多く住む海外の国では、上位5か国のうち、アジアの国は中国とタイで、合計13.8%になりますが、1位のアメリカが32.0%なので、アジアの国が多いとはいえません。③グラフではブラジルの人が6.8%います。ブラジルは南半球の国です。
❷ (3)③はアメリカの国旗です。アメリカは、農地が広大で、少ない人数でより多くの作業ができるように、大型機械を使った農業を行っています。
❸ (2)⑦PKOは国連平和維持（いじ）活動、⑦NGOは非政府組織（えんじょ）、⑦ODAは政府開発援助です。
❹ (1)①の写真は、南太平洋にあるツバルという国の様子です。国土が海に近い低地であるため、地球温暖化によって海面が上がると、国土がなくなるおそれがあります。

1 (1)①　(2)法律　(3)選挙
(4)働く(義務)・税を納める(義務)

2 ①たて穴住居　②米
③大和朝廷(大和政権)
④大化の改新　⑤聖武天皇

3 (1)①―イ　②―ウ　③―エ　④―ア
(2)④→②→③→①　(完答)

4 (1)①エ　②ア　③イ　④ウ
(2)②・④　(完答)

考え方 **1** (2)国会はただ1つの立法機関で
あると日本国憲法で定められています。法
律をつくることができるのは、国民によっ
て選ばれた国会議員からなる国会だけです。
(3)国民は、国の政治においても、地方の政
治においても、自分の考えに近い議員を選
挙で選ぶことで自分の意見を政治に反映さ
せています。

2 ②米づくりが行われるようになると、共
同作業の中でみなをまとめる指導者が現れ、
身分の差が生まれました。また、水や土地
などをめぐって争いが起こると、勝ったむ
らが負けたむらを従えて、やがてくにがで
きました。

3 (2)①〜④のカードを時代で考えると、①
は安土桃山時代、②は鎌倉時代、③は室町
時代、④は平安時代です。

4 (1)①は平安時代につくられたかな文字、
②は室町時代の書院造、③は聖武天皇の愛
用品などを納めた正倉院、④は室町時代に
雪舟が大成させたすみ絵(水墨画)です。
エの『源氏物語』は、①のかな文字によっ
て書かれた小説です。紫式部が書きました。
②の書院造は銀閣と同じ敷地につくられた
東求堂に見ることができます。③の正倉院
は東大寺にあり、中国にわたった遣唐使が
もち帰った品々が納められています。

【写真提供】
ColBase (https://colbase.nich.go.jp)／PIXTA／正倉院宝物／飛鳥園
／アフロ／アマナイメージズ／国立国会図書館ウェブサイト／国連広報
センター／堺市提供／三内丸山遺跡センター／時事通信フォト／提供
慈照寺／ジャパンアーカイブズ／東京大学法学部附属明治新聞雑誌文庫
／東大寺／徳川美術館所蔵　©徳川美術館イメージアーカイブ／
DNPartcom／便利堂／法隆寺／毎日新聞社提供／鹿苑寺 蔵

---

1 (1)武家諸法度　(2)イ　(3)国学
(4)条約：日米和親条約
終わった政策：鎖国

2 ①×　②×　③○　④○　⑤×

3 (1)①イ　②エ　③ウ　④ア
(2)日本国憲法

4 (1)①イ　国名：中国
②ア　国名：アメリカ
③ウ　国名：ブラジル　(それぞれ完答)
(2)地球温暖化
(3)持続可能な開発目標(SDGs)

考え方 **1** (2)アは朱印状をもった船で多く
の日本人が東南アジアにわたった貿易で、
年表中の①のころに行われていました。徳
川家康のころの貿易です。イ島原・天草一
揆のあと、当時の将軍の徳川家光は、キリ
スト教の布教を行うポルトガルの船の来航
を禁止したため、長崎で貿易ができるのは、
中国とオランダのみでした。ウ日宋貿易の
説明です。平清盛が行いました。

2 ①地租改正は政府の収入を安定させるた
めに行った土地・税制改革です。政府の考
えを全国に行きわたらせるために行ったの
は廃藩置県です。②初代内閣総理大臣は伊
藤博文です。⑤日本の近代産業は、製糸業、
紡績業などの軽工業から発展しました。

3 (1)①日清戦争、②日露戦争、③日中戦争、
④太平洋戦争の説明です。日本は、日清戦
争に勝利して台湾を植民地とし、リャオト
ン半島を獲得しましたが、ロシアからリャ
オトン半島を清に返すようせまられました。
これに従った日本は、ロシアと対立し、日
露戦争になります。その後、日露戦争に勝
利して得た満州の権利をさらに広げようと
して日中戦争へ発展し、中国を支援するア
メリカと対立しました。長引く戦争で資源
不足におちいった日本が、東南アジアに進
出すると、アメリカとの対立が深まり、日
本の真珠湾攻撃で太平洋戦争が始まりまし
た。

全教科書版・小学社会6年